DE LA

DÉMOCRATIE

EN AMÉRIQUE.

PARIS. — IMPRIMERIE CLAYE ET TAILLEFER
RUE SAINT-BENOÎT, 7.

DE LA
DÉMOCRATIE
EN AMÉRIQUE

PAR

ALEXIS DE TOCQUEVILLE
Membre de l'Institut.

CINQUIÈME ÉDITION
REVUE, CORRIGÉE
et augmentée d'un Avertissement et d'un Examen comparatif de la Démocratie
aux États-Unis et en Suisse.

TOME TROISIÈME.

PARIS
PAGNERRE, ÉDITEUR
RUE DE SEINE, 14 BIS

1848

DE
LA DÉMOCRATIE
EN AMÉRIQUE.

AVERTISSEMENT.

Les Américains ont un état social démocratique qui leur a naturellement suggéré de certaines lois et de certaines mœurs politiques.

Ce même état social a, de plus, fait naître, parmi eux, une multitude de sentiments et d'opinions qui étaient inconnus dans les vieilles sociétés aristocratiques de l'Europe. Il a détruit ou modifié des rapports qui existaient jadis, et en a établi de nouveaux. L'aspect de la société civile ne s'est pas trouvé moins changé que la physionomie du monde politique.

J'ai traité le premier sujet dans l'ouvrage publié par moi il y a cinq ans, sur la Démocratie américaine. Le second fait l'objet du présent livre. Ces deux parties se complètent l'une par l'autre et ne forment qu'une seule œuvre.

Il faut que, sur-le-champ, je prévienne le lecteur contre une erreur qui me serait fort préjudiciable.

En me voyant attribuer tant d'effets divers à l'égalité, il pourrait en conclure que je considère l'égalité comme la cause unique de tout ce qui arrive de nos jours. Ce serait me supposer une vue bien étroite.

Il y a, de notre temps, une foule d'opinions, de sentiments, d'instincts qui ont dû la naissance à des faits étrangers ou même contraires à l'égalité. C'est ainsi que si je prenais les États-Unis pour exemple, je prouverais aisément que la nature du pays, l'origine de ses habitants, la religion des premiers fondateurs, leurs lumières acquises, leurs habitudes antérieures, ont exercé et exercent encore, indépendamment de la Démocratie, une immense influence sur leur manière de penser et de sentir. Des causes différentes mais aussi distinctes du fait de l'égalité se rencontreraient en Europe et expliqueraient une grande partie de ce qui s'y passe.

Je reconnais l'existence de toutes ces différentes causes et leur puissance, mais mon sujet n'est point d'en parler. Je n'ai pas entrepris de montrer la raison de tous nos penchants et de toutes nos idées ; j'ai seulement voulu faire voir en quelle partie l'égalité avait modifié les uns et les autres.

On s'étonnera peut-être qu'étant fermement de cette opinion, que la révolution démocratique dont nous sommes témoins, est un fait irrésistible contre lequel il ne serait ni désirable ni sage de lutter, il me soit arrivé souvent dans ce livre d'adresser des paroles si sévères aux sociétés démocratiques que cette révolution a créées.

Je répondrai simplement que c'est parce que je n'étais point un adversaire de la Démocratie, que j'ai voulu être sincère envers elle.

Les hommes ne reçoivent point la vérité de leurs ennemis, et leurs amis ne la leur offrent guère; c'est pour cela que je l'ai dite.

J'ai pensé que beaucoup se chargeraient d'annoncer les biens nouveaux que l'égalité promet aux hommes, mais que peu oseraient signaler de loin les périls dont elle les menace. C'est donc principalement vers ces périls que j'ai dirigé mes regards, et, ayant cru les découvrir clairement, je n'ai pas eu la lâcheté de les taire.

J'espère qu'on retrouvera dans ce second ouvrage l'impartialité qu'on a paru remarquer dans le premier. Placé au milieu des opinions contradictoires qui nous divisent, j'ai tâché de détruire momentanément dans mon cœur les sympathies favorables ou les instincts contraires que m'inspire chacune d'elles. Si ceux qui liront mon livre y rencontrent une seule phrase dont l'objet soit de flatter l'un des grands partis qui ont agité notre pays, ou l'une des petites factions qui, de nos jours, le tracassent et l'énervent, que ces lecteurs élèvent la voix et m'accusent.

Le sujet que j'ai voulu embrasser est immense; car il comprend la plupart des sentiments et des idées que fait naître l'état nouveau du monde. Un tel sujet excède assurément mes forces; en le traitant, je ne suis point parvenu à me satisfaire.

Mais, si je n'ai pu atteindre le but auquel j'ai tendu, les lecteurs me rendront du moins cette justice que j'ai conçu et suivi mon entreprise dans l'esprit qui pouvait me rendre digne d'y réussir.

DE LA DÉMOCRATIE EN AMÉRIQUE.

PREMIÈRE PARTIE.

INFLUENCE DE LA DÉMOCRATIE SUR LE MOUVEMENT INTELLECTUEL AUX ÉTATS-UNIS.

CHAPITRE I.

De la méthode philosophique des Américains.

Je pense qu'il n'y a pas, dans le monde civilisé, de pays où l'on s'occupe moins de philosophie qu'aux États-Unis.

Les Américains n'ont point d'école philosophique qui leur soit propre, et ils s'inquiètent fort peu de toutes celles qui divisent l'Europe; ils en savent à peine les noms.

Il est facile de voir cependant que presque tous les habitants des États-Unis dirigent leur esprit de la même manière, et le conduisent d'après les mêmes règles; c'est-à-dire qu'ils possèdent, sans qu'ils se soient jamais donné la peine d'en définir les règles, une certaine méthode philosophique qui leur est commune à tous.

Echapper à l'esprit de système, au joug des habitudes, aux maximes de familles, aux opinions de classe, et, jusqu'à un certain point, aux préjugés de nation; ne prendre la tradition que comme un renseignement, et les faits présents que comme une utile étude pour faire autrement et mieux; chercher par soi-même et en soi seul la raison des choses; tendre au résultat sans se laisser enchaîner au moyen; et viser au fond à travers la forme, tels sont les principaux traits qui caractérisent ce que j'appellerai la méthode philosophique des Américains.

Que si je vais plus loin encore, et que parmi ces traits divers je cherche le principal, et celui qui peut résumer presque tous les autres, je découvre, que dans la plupart des opérations de l'esprit, chaque Américain n'en appelle qu'à l'effort individuel de sa raison.

L'Amérique est donc l'un des pays du monde

où l'on étudie le moins, et où l'on suit le mieux les préceptes de Descartes. Cela ne doit pas surprendre.

Les Américains ne lisent point les ouvrages de Descartes, parce que leur état social les détourne des études spéculatives, et ils suivent ses maximes parce que ce même état social dispose naturellement leur esprit à les adopter.

Au milieu du mouvement continuel qui règne au sein d'une société démocratique, le lien qui unit les générations entre elles se relâche ou se brise; chacun y perd aisément la trace des idées de ses aïeux, ou ne s'en inquiète guère.

Les hommes qui vivent dans une semblable société ne sauraient non plus puiser leurs croyances dans les opinions de la classe à laquelle ils appartiennent, car il n'y a, pour ainsi dire, plus de classes, et celles qui existent encore sont composées d'éléments si mouvants, que le corps ne saurait jamais y exercer un véritable pouvoir sur ses membres.

Quant à l'action que peut avoir l'intelligence d'un homme sur celle d'un autre, elle est nécessairement fort restreinte dans un pays où les citoyens, devenus à peu près pareils, se voient tous de fort près, et, n'apercevant dans aucun d'entre eux les signes d'une grandeur et d'une supériorité incontestables, sont sans cesse ramenés vers leur propre raison comme vers la source la plus visible et la plus proche de la vérité. Ce n'est pas seulement alors la confiance en tel homme qui est détruite, mais le goût d'en croire un homme quelconque sur parole.

Chacun se renferme donc étroitement en soi-même, et prétend de là juger le monde.

L'usage où sont les Américains de ne prendre qu'en eux-mêmes la règle de leur jugement conduit leur esprit à d'autres habitudes.

Comme ils voient qu'ils parviennent à résoudre sans aide toutes les petites difficultés que présente leur vie pratique, ils en concluent aisément que tout dans le monde est explicable, et que rien n'y dépasse les bornes de l'intelligence.

Ainsi, ils nient volontiers ce qu'ils ne peuvent comprendre : cela leur donne peu de foi pour l'extraordinaire, et un dégoût presque invincible pour le surnaturel.

Comme c'est à leur propre témoignage qu'ils ont coutume de s'en rapporter, ils aiment à voir très-clairement l'objet dont ils s'occupent ; ils le débarrassent donc, autant qu'ils le peuvent, de son enveloppe, ils écartent tout ce qui les en sépare, et enlèvent tout ce qui le cache aux regards, afin de le voir de plus près et en plein jour. Cette disposition de leur esprit les conduit bientôt à mépriser les formes, qu'ils considèrent comme des voiles inutiles et incommodes placés entre eux et la vérité.

Les Américains n'ont donc pas eu besoin de puiser leur méthode philosophique dans les livres, ils l'ont trouvée en eux-mêmes. J'en dirai autant de ce qui s'est passé en Europe.

Cette même méthode ne s'est établie et vulgarisée en Europe qu'à mesure que les conditions y sont devenues plus égales et les hommes plus semblables.

Considérons un moment l'enchaînement des temps :

Au seizième siècle, les réformateurs soumettent à la raison individuelle quelques-uns des dogmes de l'ancienne foi; mais ils continuent à lui soustraire la discussion de tous les autres. Au dix-septième, Bacon, dans les sciences naturelles, et Descartes, dans la philosophie proprement dite, abolissent les formules reçues, détruisent l'empire des traditions et renversent l'autorité du maître.

Les philosophes du dix-huitième siècle, généralisant enfin le même principe, entreprennent de soumettre à l'examen individuel de chaque homme l'objet de toutes ses croyances.

Qui ne voit que Luther, Descartes et Voltaire, se sont servis de la même méthode, et qu'ils ne diffèrent que dans le plus ou moins grand usage qu'ils ont prétendu qu'on en fît ?

D'où vient que les réformateurs se sont si étroitement renfermés dans le cercle des idées religieuses? pourquoi Descartes, ne voulant se servir de sa méthode qu'en certaines matières, bien qu'il l'eût mise en état de s'appliquer à toutes, a-t-il déclaré qu'il ne fallait juger par soi-même que les choses de philosophie et non de politique? Comment est-il arrivé qu'au dix-huitième siècle on ait tiré tout à coup, de cette même méthode, des applications générales que Descartes et ses prédécesseurs n'avaient point aperçues ou s'étaient refusés à découvrir? D'où vient enfin qu'à cette époque la méthode dont nous parlons est soudainement sortie des écoles pour pénétrer dans la société et devenir la règle commune de l'intelligence, et qu'après avoir été populaire chez les Français, elle a été ostensiblement adoptée ou secrètement suivie par tous les peuples de l'Europe?

La méthode philosophique dont il est question a pu naître au seizième siècle, se préciser et se généraliser au dix-septième; mais elle ne pouvait être communément adoptée dans aucun des deux. Les lois politiques, l'état social, les habitudes d'esprit qui découlent de ces premières causes, s'y opposaient.

Elle a été découverte à une époque où les hommes commençaient à s'égaliser et à se ressembler.

Elle ne pouvait être généralement suivie que dans des siècles où les conditions étaient enfin devenues à peu près pareilles et les hommes presque semblables.

. La méthode philosophique du dix-huitième siècle n'est donc pas seulement française, mais démocratique, ce qui explique pourquoi elle a été si facilement admise dans toute l'Europe dont elle a tant contribué à changer la face. Ce n'est point parce que les Français ont changé leurs anciennes croyances et modifié leurs anciennes mœurs qu'ils ont bouleversé le monde, c'est parce que, les premiers, ils ont généralisé et mis en lumière une méthode philosophique à l'aide de laquelle on pouvait aisément attaquer toutes les choses anciennes, et ouvrir la voie à toutes les nouvelles.

Que si maintenant l'on me demande pourquoi, de nos jours, cette même méthode est plus rigoureusement suivie, et plus souvent appliquée parmi les Français que chez les Américains, au sein desquels l'égalité est cependant aussi complète et plus ancienne, je répondrai que cela tient en partie à deux circonstances qu'il est d'abord nécessaire de faire bien comprendre.

C'est la religion qui a donné naissance aux sociétés anglo-américaines; il ne faut jamais l'oublier : aux États-Unis la religion se confond donc avec toutes les habitudes nationales et tous les sentiments que la patrie fait naître ; cela lui donne une force particulière.

A cette raison puissante, ajoutez cette autre qui ne l'est pas moins : En Amérique la religion s'est, pour ainsi dire, posé elle-même ses limites ; l'ordre religieux y est resté entièrement distinct de l'ordre politique, de telle sorte qu'on a pu changer facilement les lois anciennes sans ébranler les anciennes croyances.

Le christianisme a donc conservé un grand empire sur l'esprit des Américains, et, ce que je veux surtout remarquer, il ne règne point seulement comme une philosophie qu'on adopte après examen, mais comme une religion qu'on croit sans la discuter.

Aux États-Unis, les sectes chrétiennes varient à l'infini et se modifient sans cesse; mais le christianisme lui-même est un fait établi et irrésistible qu'on n'entreprend point d'attaquer ni de défendre.

Les Américains, ayant admis sans examen les principaux dogmes de la religion chrétienne, sont obligés de recevoir de la même manière un grand nombre de vérités morales qui en découlent et qui y tiennent. Cela resserre dans des limites étroites l'action de l'analyse individuelle, et lui soustrait plusieurs des plus importantes opinions humaines.

L'autre circonstance dont j'ai parlé est celle-ci :

Les Américains ont un état social et une constitution démocratiques, mais ils n'ont point eu de révolution démocratique. Ils sont arrivés à peu près tels que nous les voyons sur le sol qu'ils occupent. Cela est très-considérable.

Il n'y a pas de révolutions qui ne remuent les anciennes croyances, n'énervent l'autorité et n'obscurcissent les idées communes. Toute révolution a donc plus ou moins pour effet de livrer les hommes à eux-mêmes et d'ouvrir devant l'esprit de chacun d'eux un espace vide et presque sans bornes.

Lorsque les conditions deviennent égales à la suite d'une lutte prolongée entre les différentes classes dont la vieille société était formée, l'envie, la haine et le mépris du voisin, l'orgueil et la confiance exagérée en soi-même, envahissent, pour ainsi dire, le cœur humain et en font quelque temps leur domaine. Ceci, indépendamment de l'égalité, contribue puissamment à diviser les hommes; à faire qu'ils se défient du jugement les uns des autres et qu'ils ne cherchent la lumière qu'en eux seuls.

Chacun entreprend alors de se suffire et met sa gloire à se faire sur toutes choses des croyances qui lui soient propres. Les hommes ne sont plus liés que par des intérêts et non par des idées, et l'on dirait que les opinions humaines ne forment plus qu'une sorte de poussière intellectuelle qui s'agite de tous côtés, sans pouvoir se rassembler et se fixer.

Ainsi, l'indépendance d'esprit que l'égalité suppose, n'est jamais si grande et ne paraît si excessive qu'au moment où l'égalité commence à s'établir et durant le pénible travail qui la fonde. On doit donc distinguer avec soin l'espèce de liberté intellectuelle que l'égalité peut donner, de l'anarchie que la révolution amène. Il faut considérer à part chacune de ces deux choses, pour ne pas concevoir des espérances et des craintes exagérées de l'avenir.

Je crois que les hommes qui vivront dans les sociétés nouvelles feront souvent usage de leur raison individuelle ; mais je suis loin de croire qu'ils en fassent souvent abus.

Ceci tient à une cause plus généralement applicable à tous les pays démocratiques et qui, à la longue, doit y retenir dans des limites fixes, et quelquefois étroites, l'indépendance individuelle de la pensée.

Je vais la dire dans le chapitre qui suit.

CHAPITRE II.

De la source principale des croyances chez les peuples démocratiques.

Les croyances dogmatiques sont plus ou moins nombreuses, suivant les temps. Elles naissent de différentes manières, et peuvent changer de forme et d'objet; mais on ne saurait faire qu'il n'y ait pas de croyances dogmatiques, c'est-à-dire d'opinions que les hommes reçoivent de confiance et sans les discuter. Si chacun entreprenait lui-même de former toutes ses opinions et de poursuivre isolément la vérité, dans des chemins frayés par lui seul, il n'est pas probable qu'un grand nombre d'hommes dût jamais se réunir dans aucune croyance commune.

Or, il est facile de voir qu'il n'y a pas de société qui puisse prospérer sans croyances semblables, ou plutôt il n'y en a point qui subsistent ainsi; car, sans idées communes, il n'y a pas d'action commune, et, sans action commune, il existe encore des hommes, mais non un corps social. Pour qu'il y ait société, et, à plus forte raison, pour que cette société prospère, il faut donc que tous les esprits des citoyens soient toujours rassemblés et tenus ensemble par quelques idées principales; et cela ne saurait être, à moins que chacun d'eux ne vienne quelquefois puiser ses opinions à une même source et ne consente à recevoir un certain nombre de croyances toutes faites.

Si je considère maintenant l'homme à part, je trouve que les croyances dogmatiques ne lui sont pas moins indispensables pour vivre seul que pour agir en commun avec ses semblables.

Si l'homme était forcé de se prouver à lui-même toutes les vérités dont il se sert chaque jour, il n'en finirait point; il s'épuiserait en démonstrations préliminaires sans avancer; comme il n'a pas le temps, à cause du court espace de la vie, ni la faculté, à cause des bornes de son esprit, d'en agir ainsi, il en est réduit à tenir pour assurés une foule de faits et d'opinions qu'il n'a eu ni le loisir ni le pouvoir d'examiner et de vérifier par lui-même, mais que de plus habiles ont trouvés ou que la foule adopte. C'est sur ce premier fondement qu'il élève lui-même l'édifice de ses propres pensées. Ce n'est pas sa volonté qui l'amène à procéder de cette manière; la loi inflexible de sa condition l'y contraint.

Il n'y a pas de si grand philosophe dans le monde qui ne croie un million de choses sur la foi d'autrui, et qui ne suppose beaucoup plus de vérités qu'il n'en établit.

Ceci est non-seulement nécessaire, mais désirable. Un homme qui entreprendrait d'examiner tout par lui-même, ne pourrait accorder que peu de temps et d'attention à chaque chose; ce travail tiendrait son esprit dans une agitation perpétuelle qui l'empêcherait de pénétrer profondément dans aucune vérité et de se fixer avec solidité dans aucune certitude. Son intelligence serait tout à la fois indépendante et débile. Il faut donc que, parmi les divers objets des opinions humaines, il fasse un choix et qu'il adopte beaucoup de croyances sans les discuter, afin d'en mieux approfondir un petit nombre dont il s'est réservé l'examen.

Il est vrai que tout homme qui reçoit une opinion sur la parole d'autrui met son esprit en esclavage; mais c'est une servitude salutaire qui permet de faire un bon usage de la liberté.

Il faut donc toujours, quoi qu'il arrive, que l'autorité se rencontre quelque part dans le monde intellectuel et moral. Sa place est variable, mais elle a nécessairement une place. L'indépendance individuelle peut être plus ou moins grande; elle ne saurait être sans bornes. Ainsi, la question n'est pas de savoir s'il existe une autorité intellectuelle dans les siècles démocratiques, mais seulement où en est le dépôt et quelle en sera la mesure.

J'ai montré dans le chapitre précédent comment l'égalité des conditions faisait concevoir aux hommes une sorte d'incrédulité instinctive pour le surnaturel, et une idée très-haute et souvent fort exagérée de la raison humaine.

Les hommes qui vivent dans ces temps d'égalité sont donc difficilement conduits à placer l'autorité intellectuelle à laquelle ils se soumettent en dehors et au-dessus de l'humanité. C'est en eux-mêmes ou dans leurs semblables qu'ils cherchent d'ordinaire les sources de la vérité. Cela suffirait pour prouver qu'une religion nouvelle ne saurait s'établir dans ces siècles, et que toutes tentatives pour la faire naître ne seraient pas seulement impies, mais ridicules et déraisonnables. On peut prévoir que les peuples démocratiques ne croiront pas aisément aux missions divines, qu'ils se riront volontiers des nouveaux prophètes et qu'ils voudront trouver dans les limites de l'humanité, et non au-delà, l'arbitre principal de leurs croyances.

Lorsque les conditions sont inégales et les hommes dissemblables, il y a quelques individus très-éclairés, très-savants, très-puissants par leur intelligence, et une multitude très-ignorante et fort bornée. Les gens qui vivent dans les temps d'aristocratie sont donc naturellement portés à prendre pour guide de leurs opinions la raison supérieure d'un homme ou d'une classe, tandis qu'ils sont peu disposés à reconnaître l'infaillibilité de la masse.

Le contraire arrive dans les siècles d'égalité.

A mesure que les citoyens deviennent plus égaux et plus semblables, le penchant de chacun à croire aveuglément un certain homme ou une certaine classe diminue. La disposition à en croire la masse augmente, et c'est de plus en plus l'opinion qui mène le monde.

Non seulement l'opinion commune est le seul guide qui reste à la raison individuelle chez les peuples démocratiques, mais elle a chez ces peuples une puissance infiniment plus grande que chez nul autre. Dans les temps d'égalité, les hommes n'ont aucune foi les uns dans les autres, à cause de leur similitude; mais cette même similitude leur donne un confiance presque illimitée dans le jugement du public; car il ne leur paraît pas vraisemblable qu'ayant tous des lumières pareilles, la vérité ne se rencontre pas du côté du plus grand nombre.

Quand l'homme qui vit dans les pays démocratiques se compare individuellement à tous ceux qui l'environnent, il sent avec orgueil qu'il est égal à chacun d'eux; mais lorsqu'il vient à envisager l'ensemble de ses semblables et à se placer lui-même à côté de ce grand corps, il est aussitôt accablé de sa propre insignifiance et de sa faiblesse.

Cette même égalité qui le rend indépendant de chacun de ses concitoyens en particulier, le livre isolé et sans défense à l'action du plus grand nombre.

Le public a donc chez les peuples démocratiques une puissance singulière dont les nations aristocratiques ne pouvaient pas même concevoir l'idée. Il ne persuade pas ses croyances, il les impose et les fait pénétrer dans les âmes par une sorte de pression immense de l'esprit de tous sur l'intelligence de chacun.

Aux États-Unis, la majorité se charge de fournir aux individus une foule d'opinions toutes faites, et les soulage ainsi de l'obligation de s'en former qui leur soient propres. Il y a un grand nombre de théories en matière de philosophie, de morale ou de politique que chacun y adopte ainsi sans examen sur la foi du public; et si l'on regarde de très-près on verra que la religion elle-même y règne bien moins comme doctrine révélée que comme opinion commune.

Je sais que parmi les Américains, les lois politiques sont telles que la majorité y régit souverainement la société; ce qui accroît beaucoup l'empire qu'elle y exerce naturellement sur l'intelligence. Car il n'y a rien de plus familier à l'homme que de reconnaître une sagesse supérieure dans celui qui l'opprime.

Cette omnipotence politique de la majorité aux États-Unis augmente, en effet, l'influence que les opinions du public y obtiendraient sans elle sur l'esprit de chaque citoyen, mais elle ne la fonde point. C'est dans l'égalité même qu'il faut chercher les sources de cette influence, et non dans les institutions plus ou moins populaires que des hommes égaux peuvent se donner. Il est à croire que l'empire intellectuel du plus grand nombre serait moins absolu chez un peuple démocratique soumis à un roi qu'au sein d'une pure démocratie; mais il sera toujours très-absolu, et, quelles que soient les lois politiques qui régissent les hommes dans les siècles d'égalité, l'on peut prévoir que la foi dans l'opinion commune y deviendra une sorte de religion dont la majorité sera le prophète.

Ainsi l'autorité intellectuelle sera différente, mais elle ne sera pas moindre; et, loin de croire qu'elle doive disparaître, j'augure qu'elle deviendrait aisément trop grande et qu'il pourrait se faire qu'elle renfermât enfin l'action de la raison individuelle dans des limites plus étroites qu'il ne convient à la grandeur et au bonheur de l'espèce humaine. Je vois très-clairement dans l'égalité deux tendances; l'une qui porte l'esprit de chaque homme vers des pensées nouvelles, et l'autre qui le réduirait volontiers à ne plus penser. Et j'aperçois comment, sous l'empire de certaines lois, la démocratie éteindrait la liberté intellectuelle que l'état social démocratique favorise, de telle sorte qu'après avoir brisé toutes les entraves que lui imposaient jadis des classes ou des hommes, l'esprit humain s'enchaînerait étroitement aux volontés générales du plus grand nombre.

Si, à la place de toutes les puissances diverses qui gênaient et retardaient outre mesure l'essor de la raison individuelle, les peuples démocratiques substituaient le pouvoir absolu d'une majorité, le mal n'aurait fait que changer de caractère. Les hommes n'auraient point trouvé le moyen de vivre indépendants ; ils auraient seulement découvert, chose difficile, une nouvelle physionomie de la servitude. Il y a là, je ne saurais trop le redire, de quoi faire réfléchir profondément ceux qui voient dans la liberté de l'intelligence une chose sainte et qui ne haïssent point seulement le despote, mais le despotisme. Pour moi, quand je sens la main du pouvoir qui s'appesantit sur mon front, il m'importe peu de savoir qui m'opprime, et je ne suis pas mieux disposé à passer ma tête dans le joug, parce qu'un million de bras me le présentent.

CHAPITRE III.

Pourquoi les Américains montrent plus d'aptitude et de goût pour les idées générales que leurs pères les Anglais.

Dieu ne songe point au genre humain, en général. Il voit d'un seul coup d'œil et séparément tous les êtres dont l'humanité se compose, et il aperçoit chacun d'eux avec les ressemblances qui le rapprochent de tous et les différences qui l'en isolent.

Dieu n'a donc pas besoin d'idées générales; c'est-à-dire qu'il ne sent jamais la nécessité de renfermer un très-grand nombre d'objets analogues sous une même forme afin d'y penser plus commodément.

Il n'en est point ainsi de l'homme. Si l'esprit

humain entreprenait d'examiner et de juger individuellement tous les cas particuliers qui le frappent, il se perdrait bientôt au milieu de l'immensité des détails et ne verrait plus rien ; dans cette extrémité, il a recours à un procédé imparfait mais nécessaire, qui aide sa faiblesse et qui la prouve.

Après avoir considéré superficiellement un certain nombre d'objets et remarqué qu'ils se ressemblent, il leur donne à tous un même nom, les met à part, et poursuit sa route.

Les idées générales n'attestent point la force de l'intelligence humaine, mais plutôt son insuffisance, car il n'y a point d'êtres exactement semblables dans la nature; point de faits identiques ; point de règles applicables indistinctement et de la même manière à plusieurs objets à la fois.

Les idées générales ont cela d'admirable qu'elles permettent à l'esprit humain de porter des jugements rapides sur un grand nombre d'objets à la fois; mais, d'une autre part, elles ne lui fournissent jamais que des notions incomplètes, et elles lui font toujours perdre en exactitude ce qu'elles lui donnent en étendue.

A mesure que les sociétés vieillissent, elles acquièrent la connaissance de faits nouveaux et elles s'emparent chaque jour, presque à leur insu, de quelques vérités particulières.

A mesure que l'homme saisit plus de vérités de cette espèce, il est naturellement amené à concevoir un plus grand nombre d'idées générales. On ne saurait voir séparément une multitude de faits particuliers, sans découvrir enfin le lien commun qui les rassemble. Plusieurs individus font percevoir la notion de l'espèce; plusieurs espèces conduisent nécessairement à celle du genre. L'habitude et le goût des idées générales seront donc toujours d'autant plus grands chez un peuple, que ses lumières y seront plus anciennes et plus nombreuses.

Mais il y a d'autres raisons encore qui poussent les hommes à généraliser leurs idées ou les en éloignent.

Les Américains font beaucoup plus souvent usage que les Anglais des idées générales et s'y complaisent bien davantage; cela paraît fort singulier au premier abord, si l'on considère que ces deux peuples ont une même origine, qu'ils ont vécu pendant des siècles sous les mêmes lois, et qu'ils se communiquent encore sans cesse leurs opinions et leurs mœurs. Le contraste paraît beaucoup plus frappant encore lorsque l'on concentre ses regards sur notre Europe, et que l'on compare entre eux les deux peuples les plus éclairés qui l'habitent.

On dirait que chez les Anglais l'esprit humain

ne s'arrache qu'avec regret et avec douleur à la contemplation des faits particuliers pour remonter de là jusqu'aux causes, et qu'il ne généralise qu'en dépit de lui-même.

Il semble, au contraire, que parmi nous le goût des idées générales soit devenu une passion si effrénée qu'il faille à tout propos la satisfaire. J'apprends, chaque matin en me réveillant, qu'on vient de découvrir une certaine loi générale et éternelle dont je n'avais jamais ouï parler jusque là. Il n'y a pas de si médiocre écrivain auquel il suffise pour son coup d'essai de découvrir des vérités applicables à un grand royaume, et qui ne reste mécontent de lui-même, s'il n'a pu renfermer le genre humain dans le sujet de son discours.

Une pareille dissemblance entre deux peuples très-éclairés m'étonne. Si je reporte enfin mon esprit vers l'Angleterre, et que je remarque ce qui se passe depuis un demi-siècle dans son sein, je crois pouvoir affirmer que le goût des idées générales s'y développe à mesure que l'ancienne constitution du pays s'affaiblit.

L'état plus ou moins avancé des lumières ne suffit donc point seul pour expliquer ce qui suggère à l'esprit humain l'amour des idées générales ou l'en détourne.

Lorsque les conditions sont fort inégales et que les inégalités sont permanentes, les individus deviennent peu à peu si dissemblables, qu'on dirait qu'il y a autant d'humanités distinctes qu'il y a de classes; on ne découvre jamais à la fois que l'une d'elles, et, perdant de vue le lien général qui les rassemble toutes dans le vaste sein du genre humain, on n'envisage jamais que certains hommes et non pas l'homme.

Ceux qui vivent dans ces sociétés aristocratiques ne conçoivent donc jamais d'idées fort générales relativement à eux-mêmes, et cela suffit pour leur donner une défiance habituelle de ces idées, et un dégoût instinctif pour elles.

L'homme qui habite les pays démocratiques ne découvre au contraire, près de lui, que des êtres à peu près pareils; il ne peut donc songer à une partie quelconque de l'espèce humaine, que sa pensée ne s'agrandisse et ne se dilate jusqu'à embrasser l'ensemble. Toutes les vérités qui sont applicables à lui-même lui paraissent s'appliquer également et de la même manière à chacun de ses concitoyens et de ses semblables. Ayant contracté l'habitude des idées générales dans celle de ses études dont il s'occupe le plus, et qui l'intéresse davantage, il transporte cette même habitude dans toutes les autres, et c'est ainsi que le besoin de découvrir en toutes choses des règles communes, de renfermer un grand nombre d'objets sous une même forme, et d'expliquer un ensemble de faits par une seule cause, devient une passion ardente et souvent aveugle de l'esprit humain.

Rien ne montre mieux la vérité de ce qui précède que les opinions de l'antiquité relativement aux esclaves.

Les génies les plus profonds et les plus vastes de Rome et de la Grèce n'ont jamais pu arriver à cette idée si générale, mais en même temps si simple, de la similitude des hommes, et du droit égal que chacun d'eux apporte, en naissant, à la liberté; et ils se sont évertués à prouver que l'esclavage était dans la nature, et qu'il existerait toujours. Bien plus, tout indique que ceux des anciens qui ont été esclaves avant de devenir libres, et dont plusieurs nous ont laissés de beaux écrits, envisageaient eux-mêmes la servitude sous ce même jour.

Tous les grands écrivains de l'antiquité faisaient partie de l'aristocratie des maîtres, ou du moins ils voyaient cette aristocratie établie sans contestation sous leurs yeux; leur esprit, après s'être étendu de plusieurs côtés, se trouva donc borné de celui-là, et il fallut que Jésus-Christ vînt sur la terre pour faire comprendre que tous les membres de l'espèce humaine étaient naturellement semblables et égaux.

Dans les siècles d'égalité, tous les hommes sont indépendants les uns des autres, isolés et faibles;

on n'en voit point dont la volonté dirige d'une façon permanente les mouvements de la foule; dans ces temps, l'humanité semble toujours marcher d'elle-même. Pour expliquer ce qui se passe dans le monde, on en est donc réduit à rechercher quelques grandes causes, qui, agissant de la même manière sur chacun de nos semblables, les porte ainsi à suivre tous volontairement une même route. Cela conduit encore naturellement l'esprit humain à concevoir des idées générales, et l'amène à en contracter le goût.

J'ai montré précédemment comment l'égalité des conditions portait chacun à chercher la vérité par soi-même. Il est facile de voir qu'une pareille méthode doit insensiblement faire tendre l'esprit humain vers les idées générales. Lorsque je répudie les traditions de classe, de profession et de famille, que j'échappe à l'empire de l'exemple pour chercher, par le seul effort de ma raison, la voie à suivre, je suis enclin à puiser les motifs de mes opinions dans la nature même de l'homme, ce qui me conduit nécessairement, et presque à mon insu, vers un grand nombre de notions très générales.

Tout ce qui précède achève d'expliquer pourquoi les Anglais montrent beaucoup moins d'aptitude et de goût pour la généralisation des idées que leurs fils les Américains, et surtout que leurs voisins les Français, et pourquoi les Anglais de nos jours en montrent plus que ne l'avaient fait leurs pères.

Les Anglais ont été longtemps un peuple très-éclairé, et en même temps très-aristocratique; leurs lumières les faisaient tendre sans cesse vers des idées très-générales, et leurs habitudes aristocratiques les retenaient dans des idées très-particulières. De là, cette philosophie, tout à la fois audacieuse et timide, large et étroite, qui a dominé jusqu'ici en Angleterre, et qui y tient encore tant d'esprits resserrés et immobiles.

Indépendamment des causes que j'ai montrées plus haut, on en rencontre d'autres encore, moins apparentes, mais non moins efficaces, qui produisent chez presque tous les peuples démocratiques le goût et souvent la passion des idées générales.

Il faut bien distinguer entre ces sortes d'idées. Il y en a qui sont le produit d'un travail lent, détaillé, consciencieux de l'intelligence, et celles-là élargissent la sphère des connaissances humaines.

Il y en a d'autres qui naissent aisément d'un premier effort rapide de l'esprit, et qui n'amènent que des notions très-superficielles et très-incertaines.

Les hommes qui vivent dans les siècles d'égalité ont beaucoup de curiosité et peu de loisir; leur vie est si pratique, si compliquée, si agitée, si active, qu'il ne leur reste que peu de temps pour penser. Les hommes des siècles démocratiques aiment les idées générales parce qu'elles les dispensent d'étudier les cas particuliers; elles contiennent, si je puis m'exprimer ainsi, beaucoup de choses sous un petit volume, et donnent en peu de temps un grand produit. Lors donc qu'après un examen inattentif et court, ils croient apercevoir entre certains objets un rapport commun, ils ne poussent pas plus loin leur recherche, et, sans examiner dans le détail comment ces divers objets se ressemblent ou diffèrent, ils se hâtent de les ranger tous sous la même formule, afin de passer outre.

L'un des caractères distinctifs des siècles démocratiques, c'est le goût qu'y éprouvent tous les hommes pour les succès faciles et les jouissances présentes. Ceci se retrouve dans les carrières intellectuelles comme dans toutes les autres. La plupart de ceux qui vivent dans les temps d'égalité sont pleins d'une ambition tout à la fois vive et molle; ils veulent obtenir sur-le-champ de grands succès, mais ils désireraient se dispenser de grands efforts. Ces instincts contraires les mènent directement à la recherche des idées générales, à l'aide desquelles ils se flattent de peindre de très-vastes objets à peu de frais, et d'attirer les regards du public sans peine.

Et je ne sais s'ils ont tort de penser ainsi; car leurs lecteurs craignent autant d'approfondir, qu'ils peuvent le faire eux-mêmes, et ne cherchent d'ordinaire dans les travaux de l'esprit que des plaisirs faciles et de l'instruction sans travail..

Si les nations aristocratiques ne font pas assez d'usage des idées générales, et leur marquent souvent un mépris inconsidéré, il arrive au contraire que les peuples démocratiques sont toujours prêts à faire abus de ces sortes d'idées et à s'enflammer indiscrètement pour elles.

CHAPITRE IV.

Pourquoi les Américains n'ont jamais été aussi passionnés que les Français pour les idées générales en matière politique.

J'ai dit précédemment que les Américains montraient un goût moins vif que les Français pour les idées générales. Cela est surtout vrai des idées générales relatives à la politique.

Quoique les Américains fassent pénétrer dans la législation infiniment plus d'idées générales que les Anglais, et qu'ils se préoccupent beaucoup plus que ceux-ci d'ajuster la pratique des affaires humaines à la théorie, on n'a jamais vu aux États-Unis de corps politiques aussi amoureux d'idées générales, que l'ont été chez nous l'Assemblée constituante et la Convention; jamais la nation américaine tout entière ne s'est passionnée pour ces sortes d'idées de la même manière que le peuple français du dix-huitième siècle, et n'a fait voir une foi aussi aveugle dans la bonté et dans la vérité absolue d'aucune théorie.

Cette différence entre les Américains et nous, naît de plusieurs causes, mais de celle-ci principalement :

Les Américains forment un peuple démocratique qui a toujours dirigé par lui-même les affaires publiques, et nous sommes un peuple démocratique qui, pendant longtemps, n'a pu que songer à la meilleure manière de les conduire.

Notre état social nous portait déjà à concevoir des idées très-générales en matière de gouvernement, alors que notre constitution politique nous empêchait encore de rectifier ces idées par l'expérience, et d'en découvrir peu à peu l'insuffisance: tandis que chez les Américains ces deux choses se balancent sans cesse et se corrigent naturellement.

Il semble, au premier abord, que ceci soit fort opposé à ce que j'ai dit précédemment que les nations démocratiques puisaient dans les agitations même de leur vie pratique l'amour qu'elles montrent pour les théories. Un examen plus attentif fait découvrir qu'il n'y a là rien de contradictoire.

Les hommes qui vivent dans les pays démocratiques sont fort avides d'idées générales parce qu'ils ont peu de loisirs et que ces idées les dispensent de perdre leur temps à examiner les cas particuliers; cela est vrai, mais ne doit s'entendre que des matières qui ne sont pas l'objet habituel et nécessaire de leurs pensées. Des commerçants saisiront avec empressement et sans y regarder de fort près toutes les idées générales qu'on leur présentera relativement à la philosophie, à la politique, aux sciences et aux arts; mais ils ne recevront qu'après examen celles qui auront trait au commerce, et ne les admettront que sous réserve.

La même chose arrive aux hommes d'état, quand il s'agit d'idées générales relatives à la politique.

Lors donc qu'il y a un sujet sur lequel il est particulièrement dangereux que les peuples démocratiques se livrent aveuglément et outre mesure aux idées générales, le meilleur correctif qu'on puisse employer, c'est de faire qu'ils s'en occupent tous les jours et d'une manière pratique; il faudra bien alors qu'ils entrent forcément dans les détails, et les détails leur feront apercevoir les côtés faibles de la théorie.

Le remède est souvent douloureux, mais son effet est sûr.

C'est ainsi que les institutions démocratiques qui forcent chaque citoyen de s'occuper pratiquement du gouvernement, modèrent le goût excessif des théories générales en matière politique, que l'égalité suggère.

CHAPITRE VI.

Comment, aux États-Unis, la religion sait se servir des instincts démocratiques.

J'ai établi dans un des chapitres précédents que les hommes ne peuvent se passer de croyances dogmatiques, et qu'il était même très à souhaiter qu'ils en eussent de telles. J'ajoute ici que, parmi toutes les croyances dogmatiques, les plus désirables me semblent être les croyances dogmatiques en matière de religion; cela se déduit très-clairement, alors même qu'on ne veut faire attention qu'aux seuls intérêts de ce monde.

Il n'y a presque point d'action humaine, quelque particulière qu'on la suppose, qui ne prenne naissance dans une idée très-générale que les hommes ont conçue de Dieu, de ses rapports avec le genre humain, de la nature de leur âme et de leurs devoirs envers leurs semblables. L'on ne saurait faire que ces idées ne soient pas la source commune dont tout le reste découle.

Les hommes ont donc un intérêt immense à se faire des idées bien arrêtées sur Dieu, leur âme, leurs devoirs généraux envers leur créateur et leurs semblables; car le doute sur ces premiers points livrerait toutes leurs actions au hasard, et les condamnerait, en quelque sorte, au désordre et à l'impuissance.

C'est donc la matière sur laquelle il est le plus important que chacun de nous ait des idées arrêtées, et malheureusement c'est aussi celle dans laquelle il est le plus difficile que chacun, livré à lui-même, et par le seul effort de sa raison, en vienne à arrêter ses idées.

Il n'y a que des esprits très-affranchis des préoccupations ordinaires de la vie, très-pénétrants, très-déliés, très-exercés, qui, à l'aide de beaucoup de temps et de soins, puissent percer jusqu'à ces vérités si nécessaires.

Encore voyons-nous que ces philosophes eux-mêmes sont presque toujours environnés d'incertitudes; qu'à chaque pas la lumière naturelle qui les éclaire s'obscurcit et menace de s'éteindre, et que, malgré tous leurs efforts, ils n'ont encore pu découvrir qu'un petit nombre de notions contradictoires, au milieu desquelles l'esprit humain flotte sans cesse depuis des milliers d'années, sans pouvoir saisir fermement la vérité ni même trouver de nouvelles erreurs. De pareilles études sont fort au-dessus de la capacité moyenne des hommes, et quand même la plupart des hommes seraient capables de s'y livrer, il est évident qu'ils n'en auraient pas le loisir.

Des idées arrêtées sur Dieu et la nature humaine sont indispensables à la pratique journalière de leur vie, et cette pratique les empêche de pouvoir les acquérir.

Cela me paraît unique. Parmi les sciences, il en est qui, utiles à la foule, sont à sa portée; d'autres ne sont abordables qu'à peu de personnes et ne sont point cultivées par la majorité qui n'a besoin que de leurs applications les plus éloignées; mais la pratique journalière de celle-ci est indispensable à tous, bien que son étude soit inaccessible au plus grand nombre.

Les idées générales relatives à Dieu et à la nature humaine sont donc parmi toutes les idées celles qu'il convient le mieux de soustraire à l'action habituelle de la raison individuelle, et pour laquelle il y a le plus à gagner et le moins à perdre, en reconnaissant une autorité.

Le premier objet, et l'un des principaux avantages des religions, est de fournir sur chacune de ces questions primordiales une solution nette, précise, intelligible pour la foule et très-durable.

Il y a des religions très-fausses et très-absurdes; cependant l'on peut dire que toute religion, qui reste dans le cercle que je viens d'indiquer et qui ne prétend pas en sortir, ainsi que plusieurs l'ont tenté, pour aller arrêter de tous côtés le libre essor de l'esprit humain, impose un joug salutaire à l'intelligence, et il faut reconnaître que, si elle ne sauve point les hommes dans l'autre monde, elle est du moins très-utile à leur bonheur et à leur grandeur dans celui-ci.

Cela est surtout vrai des hommes qui vivent dans les pays libres.

Quand la religion est détruite chez un peuple, le doute s'empare des portions les plus hautes de l'intelligence, et il paralyse à moitié toutes les autres. Chacun s'habitue à n'avoir que des notions confuses et changeantes sur les matières qui intéressent le plus ses semblables et lui-même; on défend mal ses opinions ou on les abandonne, et, comme on désespère de pouvoir, à soi seul, résoudre les plus grands problèmes que la destinée humaine présente, on se réduit lâchement à n'y point songer.

Un tel état ne peut manquer d'énerver les âmes;

il détend les ressorts de la volonté et il prépare les citoyens à la servitude.

Non-seulement il arrive alors que ceux-ci laissent prendre leur liberté; mais souvent ils la livrent.

Lorsqu'il n'existe plus d'autorité en matière de religion, non plus qu'en matière politique, les hommes s'effraient bientôt à l'aspect de cette indépendance sans limites. Cette perpétuelle agitation de toutes choses les inquiète et les fatigue. Comme tout remue dans le monde des intelligences, ils veulent, du moins, que tout soit ferme et stable dans l'ordre matériel et, ne pouvant plus reprendre leurs anciennes croyances, ils se donnent un maître.

Pour moi, je doute que l'homme puisse jamais supporter à la fois une complète indépendance religieuse et une entière liberté politique; et je suis porté à penser que, s'il n'a pas de foi, il faut qu'il serve, et s'il est libre, qu'il croie.

Je ne sais cependant si cette grande utilité des religions n'est pas plus visible encore chez les peuples où les conditions sont égales que chez tous les autres.

Il faut reconnaître que l'égalité qui introduit de grands biens dans le monde, suggère cependant aux hommes, ainsi qu'il sera montré ci-après, des instincts fort dangereux; elle tend à les isoler les uns des autres, pour ne porter chacun d'eux à ne s'occuper que de lui seul.

Elle ouvre démesurément leur âme à l'amour des jouissances matérielles.

Le plus grand avantage des religions est d'inspirer des instincts tous contraires. Il n'y a point de religion qui ne place l'objet des désirs de l'homme au-delà et au-dessus des biens de la terre, et qui n'élève naturellement son âme vers des régions fort supérieures à celles des sens. Il n'y en a point non plus qui n'impose à chacun des devoirs quelconques envers l'espèce humaine, ou en commun avec elle, et qui ne le tire ainsi, de temps à autre, de la contemplation de lui-même. Ceci se rencontre dans les religions les plus fausses et les plus dangereuses.

Les peuples religieux sont donc naturellement forts précisément à l'endroit où les peuples démocratiques sont faibles; ce qui fait bien voir de quelle importance il est que les hommes gardent leur religion en devenant égaux.

Je n'ai ni le droit ni la volonté d'examiner les moyens surnaturels dont Dieu se sert pour faire parvenir une croyance religieuse dans le cœur de l'homme. Je n'envisage en ce moment les religions que sous un point de vue purement humain; je cherche de quelle manière elles peuvent le plus aisément conserver leur empire dans les siècles démocratiques où nous entrons.

J'ai fait voir comment, dans les temps de lumières et d'égalité, l'esprit humain ne consentait qu'avec peine à recevoir des croyances dogmatiques, et n'en ressentait vivement le besoin qu'en fait de religion. Ceci indique d'abord que, dans ces siècles-là, les religions doivent se tenir plus discrètement qu'en tous les autres dans les bornes qui leur sont propres, et ne point chercher à en sortir, car, en voulant étendre leur pouvoir plus loin que les matières religieuses, elles risquent de n'être plus crues en aucune matière. Elles doivent donc tracer avec soin le cercle dans lequel elles prétendent arrêter l'esprit humain, et au-delà le laisser entièrement libre et l'abandonner à lui-même.

Mahomet a fait descendre du ciel, et a placé dans le Coran, non-seulement des doctrines religieuses, mais des maximes politiques, des lois civiles et criminelles, des théories scientifiques. L'évangile ne parle au contraire que des rapports généraux des hommes avec Dieu, et entre eux. Hors de là, il n'enseigne rien et n'oblige à rien croire. Cela seul, entre mille autres raisons, suffit pour montrer que la première de ces deux religions ne saurait dominer longtemps dans des temps de lumières et de démocratie, tandis que la seconde est destinée à régner dans ces siècles comme dans tous les autres.

Si je continue plus avant cette même recherche, je trouve que, pour que les religions puissent, humainement parlant, se maintenir dans les siècles démocratiques, il ne faut pas seulement qu'elles se renferment avec soin dans le cercle des matières religieuses. Leur pouvoir dépend encore beaucoup de la nature des croyances qu'elles professent, des formes extérieures qu'elles adoptent, et des obligations qu'elles imposent.

Ce que j'ai dit précédemment que l'égalité porte les hommes à des idées très-générales et très-vastes, doit principalement s'entendre en matière de religion. Des hommes semblables et égaux conçoivent aisément la notion d'un Dieu unique, imposant à chacun d'eux les mêmes règles et leur accordant le bonheur futur au même prix. L'idée de l'unité du genre humain les ramène sans cesse à l'idée de l'unité du Créateur, tandis qu'au contraire des hommes très-séparés les uns des autres et fort dissemblables en arrivent volontiers à faire autant de divinités qu'il y a de peuples, de castes, de classes et de familles, et à tracer mille chemins particuliers pour aller au ciel.

L'on ne peut disconvenir que le christianisme lui-même n'ait en quelque façon subi cette influence qu'exerce l'état social et politique sur les croyances religieuses.

Au moment où la religion chrétienne a paru sur la terre, la Providence, qui, sans doute, préparait le monde pour sa venue, avait réuni une grande partie de l'espèce humaine, comme un immense troupeau, sous le sceptre des Césars. Les hommes qui composaient cette multitude différaient beaucoup les uns des autres; mais ils avaient cependant ce point commun qu'ils obéissaient tous aux mêmes lois; et chacun d'eux était si faible et si petit par rapport à la grandeur du prince, qu'ils paraissaient tous égaux quand on venait à les comparer à lui.

Il faut reconnaître que cet état nouveau et particulier de l'humanité dut disposer les hommes à recevoir les vérités générales que le christianisme enseigne, et sert à expliquer la manière facile et rapide avec laquelle il pénétra alors dans l'esprit humain.

La contre-épreuve se fit après la destruction de l'empire.

Le monde romain s'étant alors brisé, pour ainsi dire, en mille éclats, chaque nation en revint à son individualité première. Bientôt, dans l'intérieur de ces mêmes nations, les rangs se graduèrent à l'infini; les races se marquèrent; les castes partagèrent chaque nation en plusieurs peuples. Au milieu de cet effort commun qui semblait porter les sociétés humaines à se subdiviser elles-mêmes en autant de fragments qu'il était possible de le concevoir, le christianisme ne perdit point de vue les principales idées générales qu'il avait mises en lumière. Mais il parut néanmoins se prêter, autant qu'il était en lui, aux tendances nouvelles que le fractionnement de l'espèce humaine faisait naître. Les hommes continuèrent à n'adorer qu'un seul Dieu créateur et conservateur de toutes choses ; mais chaque peuple, chaque cité, et, pour ainsi dire, chaque homme crut pouvoir obtenir quelque privilége à part et se créer des protecteurs particuliers auprès du souverain maître. Ne pouvant diviser la Divinité, l'on multiplia du moins et l'on grandit outre mesure ses agents ; l'hommage dû aux anges et aux saints devint pour la plupart des chrétiens un culte presque idolâtre, et l'on put craindre un moment que la religion chrétienne ne rétrogradât vers les religions qu'elle avait vaincues.

Il me paraît évident que plus les barrières qui séparaient les nations dans le sein de l'humanité et les citoyens dans l'intérieur de chaque peuple tendent à disparaître, plus l'esprit humain se dirige, comme de lui-même, vers l'idée d'un être unique et tout puissant, dispensant également et de la même manière les mêmes lois à chaque homme. C'est donc particulièrement dans ces siècles de démocratie qu'il importe de ne pas laisser confondre l'hommage rendu aux agents secondaires avec le culte qui n'est dû qu'au Créateur.

Une autre vérité me paraît fort claire : c'est que les religions doivent moins se charger de pratiques extérieures dans les temps démocratiques que dans tous les autres.

J'ai fait voir, à propos de la méthode philosophique des Américains, que rien ne révolte plus l'esprit humain dans les temps d'égalité que l'idée de se soumettre à des formes. Les hommes qui vivent dans ces temps supportent impatiemment les figures ; les symboles leur paraissent des artifices puérils dont on se sert pour voiler ou parer à leurs yeux des vérités qu'il serait plus naturel de leur montrer toutes nues et au grand jour ; ils restent froids à l'aspect des cérémonies et ils sont naturellement portés à n'attacher qu'une importance secondaire aux détails du culte.

Ceux qui sont chargés de régler la forme extérieure des religions dans les siècles démocratiques doivent bien faire attention à ces instincts naturels de l'intelligence humaine pour ne point lutter sans nécessité contre eux.

Je crois fermement à la nécessité des formes ; je sais qu'elles fixent l'esprit humain dans la contemplation des vérités abstraites, et, l'aidant à les saisir fortement, les lui font embrasser avec ardeur. Je n'imagine point qu'il soit possible de maintenir une religion sans pratiques extérieures ;

mais, d'une autre part, je pense que, dans les siècles où nous entrons, il serait particulièrement dangereux de les multiplier outre mesure; qu'il faut plutôt les restreindre, et qu'on ne doit en retenir que ce qui est absolument nécessaire pour la perpétuité du dogme lui-même, qui est la substance des religions (1) dont le culte n'est que la forme. Une religion qui deviendrait plus minutieuse, plus inflexible et plus chargée de petites observances dans le même temps que les hommes deviennent plus égaux, se verrait bientôt réduite à une troupe de zélateurs passionnés au milieu d'une multitude incrédule.

Je sais qu'on ne manquera pas de m'objecter que les religions ayant toutes pour objet des vérités générales et éternelles, ne peuvent ainsi se plier aux instincts mobiles de chaque siècle, sans perdre aux yeux des hommes les caractères de la certitude; je répondrai encore ici qu'il faut distinguer très-soigneusement les opinions principales qui constituent une croyance et qui y forment ce que les théologiens appellent des articles de foi, et les notions accessoires qui s'y rattachent. Les religions sont obligées de tenir toujours ferme dans

---

(1) Dans toutes les religions il y a des cérémonies qui sont inhérentes à la substance même de la croyance et auxquelles il faut bien se garder de rien changer. Cela se voit particulièrement dans le catholicisme où souvent la forme et le fond sont si étroitement unis qu'ils ne font qu'un.

les premières, quel que soit l'esprit particulier du temps; mais elles doivent bien se garder de se lier de la même manière aux secondes, dans les siècles où tout change sans cesse de place et où l'esprit, habitué au spectacle mouvant des choses humaines, souffre à regret qu'on le fixe. L'immobilité dans les choses extérieures et secondaires ne me paraît une chance de durée que quand la société civile elle-même est immobile; partout ailleurs je suis porté à croire que c'est un péril.

Nous verrons que, parmi toutes les passions que l'égalité fait naître ou favorise, il en est une qu'elle rend particulièrement vive et qu'elle dépose en même temps dans le cœur de tous les hommes: c'est l'amour du bien-être. Le goût du bien-être forme comme le trait saillant et indélébile des âges démocratiques.

Il est permis de croire qu'une religion qui entreprendrait de détruire cette passion-mère, serait à la fin détruite par elle; si elle voulait arracher entièrement les hommes à la contemplation des biens de ce monde pour les livrer uniquement à la pensée de ceux de l'autre, on peut prévoir que les âmes s'échapperaient enfin d'entre ses mains, pour aller se plonger loin d'elle dans les seules jouissances matérielles et présentes.

La principale affaire des religions est de purifier, de régler et de restreindre le goût trop ardent et trop exclusif du bien-être que ressentent les hommes dans les temps d'égalité ; mais je crois qu'elles auraient tort d'essayer de le dompter entièrement et de le détruire. Elles ne réussiront point à détourner les hommes de l'amour des richesses ; mais elles peuvent encore leur persuader de ne s'enrichir que par des moyens honnêtes.

Ceci m'amène à une dernière considération qui comprend, en quelque façon, toutes les autres. A mesure que les hommes deviennent plus semblables et plus égaux, il importe davantage que les religions, tout en se mettant soigneusement à l'écart du mouvement journalier des affaires, ne heurtent point sans nécessité les idées généralement admises, et les intérêts permanents qui règnent dans la masse ; car l'opinion commune apparaît de plus en plus comme la première et la plus irrésistible des puissances, et il n'y a pas en dehors d'elles d'appui si fort qui permette de résister longtemps à ses coups. Cela n'est pas moins vrai chez un peuple démocratique, soumis à un despote, que dans une république. Dans les siècles d'égalité, les rois font souvent obéir, mais c'est toujours la majorité qui fait croire ; c'est donc à la majorité qu'il faut complaire dans tout ce qui n'est pas contraire à la foi.

J'ai montré dans mon premier ouvrage comment les prêtres américains s'écartaient des affaires publiques. Ceci est l'exemple le plus éclatant, mais non le seul exemple de leur retenue. En Amérique, la religion est un monde à part où le prêtre règne, mais dont il a soin de ne jamais sortir; dans ses limites, il conduit l'intelligence; au dehors, il livre les hommes à eux-mêmes et les abandonne à l'indépendance et à l'instabilité qui sont propres à leur nature et au temps. Je n'ai point vu de pays où le christianisme s'enveloppât moins de formes, de pratiques et de figures qu'aux États-Unis, et présentât des idées plus nettes, plus simples et plus générales à l'esprit humain. Bien que les chrétiens d'Amérique soient divisés en une multitude de sectes, ils aperçoivent tous leur religion sous ce même jour. Ceci s'applique au catholicisme aussi bien qu'aux autres croyances. Il n'y a pas de prêtres catholiques qui montrent moins de goût pour les petites observances individuelles, les méthodes extraordinaires et particulières de faire son salut, ni qui s'attachent plus à l'esprit de la loi et moins à sa lettre que les prêtres catholiques des États-Unis; nulle part on n'enseigne plus clairement et l'on ne suit davantage cette doctrine de l'église qui défend de rendre aux saints le culte qui n'est réservé qu'à Dieu. Cependant les catholiques d'Amérique sont très-soumis et très-sincères.

Une autre remarque est applicable au clergé

de toutes les communions : les prêtres américains n'essayent point d'attirer et de fixer tous les regards de l'homme vers la vie future; ils abandonnent volontiers une partie de son cœur aux soins du présent; ils semblent considérer les biens du monde comme des objets importants, quoique secondaires; s'ils ne s'associent pas eux-mêmes à l'industrie, il s'intéressent du moins à ses progrès et y applaudissent, et tout en montrant sans cesse au fidèle l'autre monde comme le grand objet de ses craintes et de ses espérances, ils ne lui défendent point de rechercher honnêtement le bien-être dans celui-ci. Loin de faire voir comment ces deux choses sont divisées et contraires, ils s'attachent plutôt à trouver par quel endroit elles se touchent et se lient.

Tous les prêtres américains connaissent l'empire intellectuel que la majorité exerce, et le respectent. Ils ne soutiennent jamais contre elle que des luttes nécessaires. Ils ne se mêlent point aux querelles des partis, mais ils adoptent volontiers les opinions générales de leur pays et de leur temps, et ils se laissent aller sans résistance dans le courant de sentiments et d'idées qui entraînent autour d'eux toutes choses. Ils s'efforcent de corriger leurs contemporains, mais ils ne s'en séparent point. L'opinion publique ne leur est donc jamais ennemie; elle les soutient plutôt et les protége, et leurs croyances règnent à la fois et par les forces qui lui sont propres et par celles de la majorité qu'ils empruntent.

C'est ainsi qu'en respectant tous les instincts démocratiques qui ne lui sont pas contraires et en s'aidant de plusieurs d'entre eux, la religion parvient à lutter avec avantage contre l'esprit d'indépendance individuelle, qui est le plus dangereux de tous pour elle.

CHAPITRE VI.

Des progrès du catholicisme aux États-Unis.

L'Amérique est la contrée la plus démocratique de la terre, et c'est en même temps le pays où, suivant des rapports dignes de foi, la religion catholique fait le plus de progrès. Cela surprend au premier abord.

Il faut bien distinguer deux choses : l'égalité dispose les hommes à vouloir juger par eux-mêmes; mais d'un autre côté, elle leur donne le goût et l'idée d'un pouvoir social unique, simple, et le même pour tous. Les hommes qui vivent dans les siècles démocratiques sont donc fort enclins à se soustraire à toute autorité religieuse. Mais s'ils consentent à se soumettre à une autorité semblable, ils veulent du moins qu'elle soit une et uniforme ; des pouvoirs religieux qui n'aboutissent pas tous à un même centre, choquent naturellement leur intelligence, et ils conçoivent presque aussi aisément qu'il n'y ait pas de religion que plusieurs.

On voit de nos jours, plus qu'aux époques antérieures, des catholiques qui deviennent incrédules et des protestants qui se font catholiques. Si l'on considère le catholicisme intérieurement, il semble perdre; si on regarde hors de lui, il gagne. Cela s'explique.

Les hommes de nos jours sont naturellement peu disposés à croire; mais, dès qu'ils ont une religion, ils rencontrent aussitôt en eux-mêmes un instinct caché qui les pousse à leur insu vers le catholicisme. Plusieurs des doctrines et des usages de l'église romaine les étonnent: mais ils éprouvent une admiration secrète pour son gouvernement, et sa grande unité les attire.

Si le catholicisme parvenait enfin à se soustraire aux haines politiques qu'il a fait naître, je ne doute presque point que ce même esprit du siècle, qui lui semble si contraire, ne lui devînt très-favorable, et qu'il ne fît tout à coup de grandes conquêtes.

C'est une des faiblesses les plus familières à l'intelligence humaine, de vouloir concilier des principes contraires et d'acheter la paix aux dépens de la logique. Il y a donc toujours eu et il y aura toujours des hommes qui, après avoir soumis à une autorité quelques unes de leurs croyances religieuses, voudront lui en soustraire plusieurs autres, et laisseront flotter leur esprit au hasard entre l'obéissance et la liberté. Mais je suis porté à croire que le nombre de ceux-là sera moins grand dans les siècles démocratiques que dans les autres siècles, et que nos neveux tendront de plus en plus à ne se diviser qu'en deux parts, les uns sortant entièrement du christianisme, et les autres entrant dans le sein de l'église romaine.

CHAPITRE VII.

Ce qui fait pencher l'esprit des peuples démocratiques vers le panthéisme.

Je montrerai plus tard comment le goût prédominant des peuples démocratiques pour les idées très-générales se retrouve dans la politique; mais je veux indiquer, dès à présent, son principal effet en philosophie.

On ne saurait nier que le panthéisme n'ait fait de grands progrès de nos jours. Les écrits d'une portion de l'Europe en portent visiblement l'empreinte. Les Allemands l'introduisent dans la philosophie, et les Français dans la littérature. Parmi les ouvrages d'imagination qui se publient en

France, la plupart renferment quelques opinions ou quelques peintures empruntées aux doctrines panthéistiques, ou laissent apercevoir chez leurs auteurs une sorte de tendance vers ces doctrines. Ceci ne me paraît pas venir seulement d'un accident, mais tenir à une cause durable.

A mesure que, les conditions devenant plus égales, chaque homme en particulier devient plus semblable à tous les autres, plus faible et plus petit, on s'habitue à ne plus envisager les citoyens pour ne considérer que le peuple ; on oublie les individus pour ne songer qu'à l'espèce.

Dans ces temps, l'esprit humain aime à embrasser à la fois une foule d'objets divers ; il aspire sans cesse à pouvoir rattacher une multitude de conséquences à une seule cause.

L'idée de l'unité l'obsède, il la cherche de tous côtés, et, quand il croit l'avoir trouvée, il s'étend volontiers dans son sein et s'y repose. Non seulement il en vient à ne découvrir dans le monde qu'une création et un créateur; cette première division des choses le gêne encore, et il cherche volontiers à grandir et à simplifier sa pensée en renfermant Dieu et l'univers dans un seul tout. Si je rencontre un système philosophique suivant lequel les choses matérielles et immatérielles, visibles et invisibles, que renferme le monde, ne sont plus considérées que comme les parties diverses d'un être immense qui seul reste éternel au milieu du changement continuel et de la transformation incessante de tout ce qui le compose, je n'aurai pas de peine à conclure qu'un pareil système, quoiqu'il détruise l'individualité humaine, ou plutôt parce qu'il la détruit, aura des charmes secrets pour les hommes qui vivent dans les démocraties; toutes leurs habitudes intellectuelles les préparent à le concevoir et les mettent sur la voie de l'adopter. Il attire naturellement leur imagination et la fixe; il nourrit l'orgueil de leur esprit et flatte sa paresse.

Parmi les différents systèmes à l'aide desquels la philosophie cherche à expliquer l'univers, le panthéisme me paraît l'un des plus propres à séduire l'esprit humain dans les siècles démocratiques; c'est contre lui que tous ceux qui restent épris de la véritable grandeur de l'homme, doivent se réunir et combattre.

CHAPITRE VIII.

Comment l'égalité suggère aux Américains l'idée de la perfectibilité indéfinie de l'homme.

———◆◆◆———

L'égalité suggère à l'esprit humain plusieurs idées qui ne lui seraient pas venues sans elle, et elle modifie presque toutes celles qu'il avait déjà. Je prends pour exemple l'idée de la perfectibilité humaine, parce qu'elle est une des principales que puisse concevoir l'intelligence, et qu'elle constitue à elle seule une grande théorie philosophique dont les conséquences se font voir à chaque instant dans la pratique des affaires.

Bien que l'homme ressemble sur plusieurs

points aux animaux, un trait n'est particulier qu'à lui seul : il se perfectionne, et eux ne se perfectionnent point. L'espèce humaine n'a pu manquer de découvrir dès l'origine cette différence. L'idée de la perfectibilité est donc aussi ancienne que le monde ; l'égalité ne l'a point fait naître, mais elle lui donne un caractère nouveau.

Quand les citoyens sont classés suivant le rang, la profession, la naissance, et que tous sont contraints de suivre la voie à l'entrée de laquelle le hasard les a placés, chacun croit apercevoir près de soi les dernières bornes de la puissance humaine, et nul ne cherche plus à lutter contre une destinée inévitable. Ce n'est pas que les peuples aristocratiques refusent absolument à l'homme la faculté de se perfectionner ; ils ne la jugent point indéfinie ; ils conçoivent l'amélioration, non le changement ; ils imaginent la condition des sociétés à venir meilleure, mais non point autre, et, tout en admettant que l'humanité a fait de grands progrès et qu'elle peut en faire quelques uns encore, ils la renferment d'avance dans de certaines limites infranchissables.

Ils ne croient donc point être parvenus au souverain bien et à la vérité absolue (quel homme ou quel peuple a été assez insensé pour l'imaginer jamais?), mais ils aiment à se persuader qu'ils ont atteint à peu près le degré de grandeur et de savoir que comporte notre nature imparfaite; et, comme rien ne remue autour d'eux, ils se figurent volontiers que tout est à sa place. C'est alors que le législateur prétend promulguer des lois éternelles, que les peuples et les rois ne veulent élever que des monuments séculaires, et que la génération présente se charge d'épargner aux générations futures le soin de régler leurs destinées.

A mesure que les castes disparaissent, que les classes se rapprochent, que, les hommes se mêlant tumultueusement, les usages, les coutumes, les lois varient, qu'il survient des faits nouveaux, que des vérités nouvelles sont mises en lumière, que d'anciennes opinions disparaissent, et que d'autres prennent leur place, l'image d'une perfection idéale et toujours fugitive se présente à l'esprit humain.

De continuels changements se passent alors à chaque instant sous les yeux de chaque homme. Les uns empirent sa position, et il ne comprend que trop bien qu'un peuple, ou qu'un individu, quelque éclairé qu'il soit, n'est point infaillible. Les autres améliorent son sort, et il en conclut que l'homme en général est doué de la faculté indéfinie de perfectionner. Ses revers lui font voir que nul ne peut se flatter d'avoir découvert le bien absolu; ses succès l'enflamment à le poursuivre sans relâche. Ainsi, toujours cherchant, tombant, se redressant, souvent déçu, jamais découragé, il tend incessamment vers cette grandeur immense qu'il entrevoit confusément au bout de la longue carrière que l'humanité doit encore parcourir.

On ne saurait croire combien de faits découlent naturellement de cette théorie philosophique suivant laquelle l'homme est indéfiniment perfectible, et l'influence prodigieuse qu'elle exerce sur ceux même qui, ne s'étant jamais occupés que d'agir et non de penser, semblent y conformer leurs actions sans la connaître.

Je rencontre un matelot américain, et je lui demande pourquoi les vaisseaux de son pays sont construits de manière à durer peu, et il me répond sans hésiter que l'art de la navigation fait chaque jour des progrès si rapides, que le plus beau navire deviendrait bientôt presque inutile s'il prolongeait son existence au-delà de quelques années.

Dans ces mots prononcés au hasard par un homme grossier et à propos d'un fait particulier, j'aperçois l'idée générale et systématique suivant laquelle un grand peuple conduit toutes choses.

Les nations aristocratiques sont naturellement portées à trop resserrer les limites de la perfectibilité humaine, et les nations démocratiques les étendent quelquefois outre mesure.

CHAPITRE IX.

Comment l'exemple des Américains ne prouve point qu'un peuple démocratique ne saurait avoir de l'aptitude et du goût pour les sciences, la littérature et les arts.

Il faut reconnaître que, parmi les peuples civilisés de nos jours, il en est peu chez qui les hautes sciences aient fait moins de progrès qu'aux États-Unis, et qui aient fourni moins de grands artistes, de poëtes illustres et de célèbres écrivains.

Plusieurs Européens, frappés de ce spectacle, l'ont considéré comme un résultat naturel et inévitable de l'égalité, et ils ont pensé que, si l'état social et les institutions démocratiques venaient une fois à prévaloir sur toute la terre, l'esprit humain verrait s'obscurcir peu à peu les lumières qui l'éclairent et que les hommes retomberaient dans les ténèbres.

Ceux qui raisonnent ainsi confondent, je pense, plusieurs idées qu'il serait important de diviser et d'examiner à part. Ils mêlent sans le vouloir ce qui est démocratique avec ce qui n'est qu'américain.

La religion que professaient les premiers émigrants, et qu'ils ont léguée à leurs descendants, simple dans son culte, austère et presque sauvage dans ses principes, ennemie des signes extérieurs et de la pompe des cérémonies, est naturellement peu favorable aux beaux-arts, et ne permet qu'à regret les plaisirs littéraires.

Les Américains sont un peuple très-ancien et très-éclairé, qui a rencontré un pays nouveau et immense dans lequel il peut s'étendre à volonté, et qu'il féconde sans peine. Cela est sans exemple dans le monde. En Amérique, chacun trouve donc des facilités, inconnues ailleurs, pour faire sa fortune ou pour l'accroître. La cupidité y est toujours en haleine, et l'esprit humain, distrait à tout moment des plaisirs de l'imagination et des travaux de l'intelligence, n'y est entraîné qu'à la poursuite de la richesse. Non seulement on voit aux États-Unis, comme dans tous les autres pays, des classes industrielles et commerçantes, mais, ce qui ne s'était jamais rencontré, tous les hommes s'y occupent à la fois d'industrie et de commerce.

Je suis cependant convaincu que si les Américains avaient été seuls dans l'univers, avec les libertés et les lumières acquises par leurs pères, et les passions qui leur étaient propres, ils n'eussent point tardé à découvrir qu'on ne saurait faire long-temps des progrès dans la pratique des sciences sans cultiver la théorie; que tous les arts se perfectionnent les uns par les autres, et, quelque absorbés qu'ils eussent pu être dans la poursuite de l'objet principal de leurs désirs, ils auraient bientôt reconnu qu'il fallait, de temps en temps, s'en détourner pour mieux l'atteindre.

Le goût des plaisirs de l'esprit est d'ailleurs si naturel au cœur de l'homme civilisé que, chez les nations polies, qui sont le moins disposées à s'y livrer, il se trouve toujours un certain nombre de citoyens qui le conçoivent. Ce besoin intellectuel, une fois senti, aurait été bientôt satisfait.

Mais en même temps que les Américains étaient naturellement portés à ne demander à la science que ses applications particulières aux arts, que les moyens de rendre la vie aisée; la docte et littéraire Europe se chargeait de remonter aux sources générales de la vérité, et perfectionnait en même temps tout ce qui peut concourir aux plaisirs comme tout ce qui doit servir aux besoins de l'homme.

En tête des nations éclairées de l'ancien monde, les habitants des États-Unis en distinguaient particulièrement une à laquelle les unissaient étroitement une origine commune et des habitudes analogues. Ils trouvaient chez ce peuple des savants célèbres, d'habiles artistes, de grands écrivains, et ils pouvaient recueillir les trésors de l'intelligence, sans avoir besoin de travailler à les amasser.

Je ne puis consentir à séparer l'Amérique de l'Europe, malgré l'Océan qui les divise. Je considère le peuple des États-Unis comme la portion du peuple anglais chargée d'exploiter les forêts du Nouveau-Monde; tandis que le reste de la nation, pourvue de plus de loisirs et moins préoccupée des soins matériels de la vie, peut se livrer à la pensée et développer en tous sens l'esprit humain.

La situation des Américains est donc entièrement exceptionnelle, et il est à croire qu'aucun peuple démocratique n'y sera jamais placé. Leur origine toute puritaine, leurs habitudes uniquement commerciales, le pays même qu'ils habitent et qui semble détourner leur intelligence de l'étude des sciences, des lettres et des arts; le voisinage de l'Europe qui leur permet de ne point les étudier sans retomber dans la barbarie; mille causes particulières dont je n'ai pu faire connaître que les principales, ont dû concentrer d'une manière singulière l'esprit américain dans le soin des choses purement matérielles. Les passions, les besoins, l'éducation, les circonstances, tout semble, en effet, concourir pour pencher l'habitant des États-Unis vers la terre. La religion seule lui fait, de temps en temps, lever des regards passagers et distraits vers le ciel.

Cessons donc de voir toutes les nations démocratiques sous la figure du peuple américain, et tâchons de les envisager enfin sous leurs propres traits.

On peut concevoir un peuple dans le sein duquel il n'y aurait ni castes, ni hiérarchie, ni classes; où la loi, ne reconnaissant point de priviléges, partagerait également les héritages, et qui, en même temps, serait privé de lumières et de liberté. Ceci n'est pas une vaine hypothèse : un despote peut trouver son intérêt à rendre ses sujets égaux, et à les laisser ignorants, afin de les tenir plus aisément esclaves.

Non seulement un peuple démocratique de cette espèce ne montrera point d'aptitude ni de goût pour les sciences, la littérature et les arts; mais il est à croire qu'il ne lui arrivera jamais d'en montrer.

La loi des successions se chargerait elle-même à chaque génération de détruire les fortunes, et personne n'en créerait de nouvelles. Le pauvre, privé de lumières et de liberté, ne concevrait même pas l'idée de s'élever vers la richesse, et le riche se laisserait entraîner vers la pauvreté sans savoir se défendre. Il s'établirait bientôt entre ces deux citoyens une complète et invincible égalité. Personne n'aurait alors ni le temps, ni le goût de se livrer aux travaux et aux plaisirs de l'intelligence. Mais tous demeureraient engourdis dans une même ignorance et dans une égale servitude.

Quand je viens à imaginer une société démocratique de cette espèce, je crois aussitôt me sentir dans un de ces lieux bas, obscurs et étouffés, où les lumières, apportées du dehors, ne tardent point à pâlir et à s'éteindre. Il me semble qu'une pesanteur subite m'accable, et que je me traîne au milieu des ténèbres qui m'environnent pour trouver l'issue qui doit me ramener à l'air et au grand jour. Mais tout ceci ne saurait s'appliquer à des hommes déjà éclairés qui, après avoir détruit parmi eux les droits particuliers et héréditaires qui fixaient à perpétuité les biens dans les mains de certains individus ou de certains corps, restent libres.

Quand les hommes, qui vivent au sein d'une société démocratique, sont éclairés, ils découvrent sans peine que rien ne les borne ni ne les fixe et ne les force de se contenter de leur fortune présente.

Ils conçoivent donc tous l'idée de l'accroître, et, s'ils sont libres, ils essaient tous de le faire, mais tous n'y réussissent pas de la même manière. La législature n'accorde plus, il est vrai, de priviléges, mais la nature en donne. L'inégalité naturelle étant très-grande, les fortunes deviennent inégales du moment où chacun fait usage de toutes ses facultés pour s'enrichir.

La loi des successions s'oppose encore à ce qu'il se fonde des familles riches, mais elle n'empêche plus qu'il n'y ait des riches. Elle ramène sans cesse les citoyens vers un commun niveau auquel ils échappent sans cesse; ils deviennent plus inégaux en biens à mesure que leurs lumières sont plus étendues et leur liberté plus grande.

Il s'est élevé de nos jours une secte célèbre par son génie et ses extravagances, qui prétendait concentrer tous les biens dans les mains d'un pouvoir central, et charger celui-là de les distribuer ensuite, suivant le mérite, à tous les particuliers. On se fût soustrait, de cette manière, à la complète et éternelle égalité qui semble menacer les sociétés démocratiques.

Il y a un autre remède plus simple et moins dangereux, c'est de n'accorder à personne de privilége, de donner à tous d'égales lumières et une égale indépendance, et de laisser à chacun le soin de marquer lui-même sa place. L'inégalité naturelle se fera bientôt jour et la richesse passera d'elle-même du côté des plus habiles.

Les sociétés démocratiques et libres renfermeront donc toujours dans leur sein une multitude de gens opulents ou aisés. Ces riches ne seront point liés aussi étroitement entre eux que les membres de l'ancienne classe aristocratique; ils auront des instincts différents et ne possèderont presque jamais un loisir aussi assuré et aussi complet; mais ils seront infiniment plus nombreux que ne pouvaient l'être ceux qui composaient cette classe. Ces hommes ne seront point étroitement renfermés dans les préoccupations de la vie matérielle, et ils pourront, bien qu'à des degrés divers, se livrer aux travaux et aux plaisirs de l'intelligence: ils s'y livreront donc; car, s'il est vrai que l'esprit humain penche par un bout vers le borné, le matériel et l'utile, de l'autre, il s'élève naturellement vers l'infini, l'immatériel et le beau. Les besoins physiques l'attachent à la la terre, mais, dès qu'on ne le retient plus, il se redresse de lui-même.

Non seulement le nombre de ceux qui peuvent s'intéresser aux œuvres de l'esprit sera plus grand, mais le goût des jouissances intellectuelles descendra, de proche en proche, jusqu'à ceux mêmes qui, dans les sociétés aristocratiques, ne semblent avoir ni le temps ni la capacité de s'y livrer.

Quand il n'y a plus de richesses héréditaires, de priviléges de classes et de prérogatives de naissance, et que chacun ne tire plus sa force que de lui-même, il devient visible que ce qui fait la principale différence entre la fortune des hommes, c'est l'intelligence. Tout ce qui sert à fortifier, à étendre, à orner l'intelligence, acquiert aussitôt un grand prix.

L'utilité du savoir se découvre avec une clarté toute particulière aux yeux même de la foule. Ceux qui ne goûtent point ses charmes prisent ses effets, et font quelques efforts pour l'atteindre.

Dans les siècles démocratiques, éclairés et libres, les hommes n'ont rien qui les sépare ni qui les retienne à leur place; ils s'élèvent ou s'abaissent avec une rapidité singulière. Toutes les classes se voient sans cesse parce qu'elles sont fort proches. Elles se communiquent et se mêlent tous les jours, s'imitent et s'envient; cela suggère au peuple une foule d'idées, de notions, de désirs qu'il n'aurait point eus si les rangs avaient été fixes et la société immobile. Chez ces nations le serviteur ne se considère jamais comme entièrement étranger aux plaisirs et aux travaux du maître, le pauvre à ceux du riche; l'homme des champs s'efforce de ressembler à celui des villes, et les provinces à la métropole.

Ainsi, personne ne se laisse aisément réduire

aux seuls soins matériels de la vie, et le plus humble artisan y jette, de temps à autre, quelques regards avides et furtifs dans le monde supérieur de l'intelligence. On ne lit point dans le même esprit et de la même manière que chez les peuples aristocratiques ; mais le cercle des lecteurs s'étend sans cesse et finit par renfermer tous les citoyens.

Du moment où la foule commence à s'intéresser aux travaux de l'esprit, il se découvre qu'un grand moyen d'acquérir de la gloire, de la puissance, ou des richesses, c'est d'exceller dans quelques-uns d'entre eux. L'inquiète ambition que l'égalité fait naître se tourne aussitôt de ce côté comme de tous les autres. Le nombre de ceux qui cultivent les sciences, les lettres et les arts, devient immense. Une activité prodigieuse se révèle dans le monde de l'intelligence ; chacun cherche à s'y ouvrir un chemin, et s'efforce d'attirer l'œil du public à sa suite. Il s'y passe quelque chose d'analogue à ce qui arrive aux États-Unis dans la société politique ; les œuvres y sont souvent imparfaites, mais elles sont innombrables ; et, bien que les résultats des efforts individuels soient ordinairement très-petits, le résultat général est toujours très-grand.

Il n'est donc pas vrai de dire que les hommes qui vivent dans les siècles démocratiques soient naturellement indifférents pour les sciences, les lettres et les arts; seulement il faut reconnaître qu'ils les cultivent à leur manière, et qu'ils apportent, de ce côté, les qualités et les défauts qui leur sont propres.

CHAPITRE X.

Pourquoi les Américains s'attachent plutôt à la pratique des sciences qu'à la théorie.

Si l'état social et les institutions démocratiques n'arrêtent point l'essor de l'esprit humain, il est du moins incontestable qu'ils le dirigent d'un côté plutôt que d'un autre. Leurs efforts, ainsi limités, sont encore très-grands, et l'on me pardonnera, j'espère, de m'arrêter un moment pour les contempler.

Nous avons fait, quand il s'est agi de la méthode philosophique des Américains, plusieurs remarques dont il faut profiter ici.

L'égalité développe dans chaque homme le désir de juger tout par lui-même; elle lui donne, en toutes choses, le goût du tangible et du réel, le mépris des traditions et des formes. Ces instincts généraux se font principalement voir dans l'objet particulier de ce chapitre.

Ceux qui cultivent les sciences chez les peuples démocratiques craignent toujours de se perdre dans les utopies. Ils se défient des systèmes, ils aiment à se tenir très-près des faits et à les étudier par eux-mêmes; comme ils ne s'en laissent point imposer facilement par le nom d'aucun de leurs semblables, ils ne sont jamais disposés à jurer sur la parole du maître.; mais, au contraire, on les voit sans cesse occupés à chercher le côté faible de sa doctrine. Les traditions scientifiques ont sur eux peu d'empire; ils ne s'arrêtent jamais long-temps dans les subtilités d'une école et se paient malaisément de grands mots; ils pénètrent, autant qu'ils le peuvent, jusqu'aux parties principales du sujet qui les occupe, et ils aiment à les exposer en langue vulgaire. Les sciences ont alors une allure plus libre et plus sûre, mais moins haute.

L'esprit peut, ce me semble, diviser la science en trois parts.

La première contient les principes les plus théoriques, les notions les plus abstraites, celles dont l'application n'est point connue ou est fort éloignée.

La seconde se compose des vérités générales qui, tenant encore à la théorie pure, mènent cependant par un chemin direct et court à la pratique.

Les procédés d'application et les moyens d'exécution remplissent la troisième.

Chacune de ces différentes portions de la science peut être cultivée à part, bien que la raison et l'expérience fassent connaître qu'aucune d'elles ne saurait prospérer longtemps, quand on la sépare absolument des deux autres.

En Amérique la partie purement pratique des sciences est admirablement cultivée, et l'on s'y occupe avec soin de la portion théorique immédiatement nécessaire à l'application; les Américains font voir de ce côté un esprit toujours net, libre, original et fécond; mais il n'y a presque personne, aux États-Unis, qui se livre à la portion essentiellement théorique et abstraite des connaissances humaines. Les Américains montrent en ceci l'excès d'une tendance qui se retrouvera, je pense, quoiqu'à un degré moindre, chez tous les peuples démocratiques.

Rien n'est plus nécessaire à la culture des hautes sciences, ou de la portion élevée des sciences que la méditation, et il n'y a rien de moins propre à la méditation que l'intérieur d'une société démocratique. On n'y rencontre pas, comme chez les peuples aristocratiques, une classe nombreuse qui se tient dans le repos parce qu'elle se trouve bien ; et une autre qui ne remue point parce qu'elle désespère d'être mieux. Chacun s'agite ; les uns veulent atteindre le pouvoir, les autres s'emparer de la richesse. Au milieu de ce tumulte universel, de ce choc répété des intérêts contraires, de cette marche continuelle des hommes vers la fortune, où trouver le calme nécessaire aux profondes combinaisons de l'intelligence? comment arrêter sa pensée sur un seul point quand autour de soi tout remue, et qu'on est soi-même entraîné et ballotté chaque jour dans le courant impétueux qui roule toutes choses?

Il faut bien discerner l'espèce d'agitation permanente qui règne au sein d'une démocratie tranquille et déjà constituée, des mouvements tumultueux et révolutionnaires qui accompagnent presque toujours la naissance et le développement d'une société démocratique.

Lorsqu'une violente révolution a lieu chez un peuple très-civilisé, elle ne saurait manquer de donner une impulsion soudaine aux sentiments et aux idées.

Ceci est vrai surtout des révolutions démocratiques, qui, remuant à la fois toutes les classes dont un peuple se compose, font naître en même temps d'immenses ambitions dans le cœur de chaque citoyen.

Si les Français ont fait tout à coup de si admirables progrès dans les sciences exactes, au moment même où ils achevaient de détruire les restes de l'ancienne société féodale, il faut attribuer cette fécondité soudaine, non pas à la démocratie, mais à la révolution sans exemple qui accompagnait ses développements. Ce qui survint alors était un fait particulier; il serait imprudent d'y voir l'indice d'une loi générale.

Les grandes révolutions ne sont pas plus communes chez les peuples démocratiques que chez les autres peuples; je suis même porté à croire qu'elles le sont moins. Mais il règne dans le sein de ces nations un petit mouvement incommode, une sorte de roulement incessant des hommes les uns sur les autres, qui trouble et distrait l'esprit sans l'animer ni l'élever.

Non seulement les hommes qui vivent dans les sociétés démocratiques se livrent difficilement à la méditation, mais ils ont naturellement peu d'estime pour elle. L'état social et les institutions démocratiques portent la plupart des hommes à agir constamment; or, les habitudes d'esprit qui conviennent à l'action ne conviennent pas toujours à la pensée. L'homme qui agit en est réduit à se contenter souvent d'à peu près parce qu'il n'arriverait jamais au bout de son dessein, s'il voulait perfectionner chaque détail. Il lui faut s'appuyer sans cesse sur des idées qu'il n'a pas eu le loisir d'approfondir, car c'est bien plus l'opportunité de l'idée dont il se sert que sa rigoureuse justesse qui l'aide ; et, à tout prendre, il y a moins de risque pour lui à faire usage de quelques principes faux, qu'à consumer son temps à établir la vérité de tous ses principes. Ce n'est point par de longues et savantes démonstrations que se mène le monde. La vue rapide d'un fait particulier, l'étude journalière des passions changeantes de la foule, le hasard du moment et l'habileté à s'en saisir, y décident de toutes les affaires.

Dans les siècles où presque tout le monde agit, on est donc généralement porté à attacher un prix excessif aux élans rapides et aux conceptions superficielles de l'intelligence, et, au contraire, à déprécier outre mesure son travail profond et lent.

Cette opinion publique influe sur le jugement des hommes qui cultivent les sciences, elle leur persuade qu'ils peuvent y réussir sans méditation, ou les écarte de celles qui en exigent.

Il y a plusieurs manières d'étudier les sciences. On rencontre chez une foule d'hommes un goût égoïste, mercantile et industriel pour les découvertes de l'esprit qu'il ne faut pas confondre avec la passion désintéressée qui s'allume dans le cœur d'un petit nombre; il y a un désir d'utiliser les connaissances et un pur désir de connaître. Je ne doute point qu'il ne naisse, de loin en loin, chez quelques uns, un amour ardent et inépuisable de la vérité, qui se nourrit de lui-même et jouit incessamment sans pouvoir jamais se satisfaire. C'est cet amour ardent, orgueilleux et désintéressé du vrai qui conduit les hommes jusqu'aux sources abstraites de la vérité pour y puiser les idées mères.

Si Pascal n'eût envisagé que quelque grand profit, ou si même il n'eût été mu que par le seul désir de la gloire, je ne saurais croire qu'il eût jamais pu rassembler, comme il l'a fait, toutes les puissances de son intelligence pour mieux découvrir les secrets les plus cachés du Créateur. Quand je le vois arracher, en quelque façon, son âme du milieu des soins de la vie, afin de l'attacher tout entière à cette recherche, et, brisant prématurément les liens qui la retiennent au corps, mourir de vieillesse avant quarante ans, je m'arrête interdit, et je comprends que ce n'est point une cause ordinaire qui peut produire de si extraordinaires efforts.

L'avenir prouvera si ces passions, si rares et si fécondes, naissent et se développent aussi aisément au milieu des sociétés démocratiques qu'au sein des aristocraties. Quant à moi, j'avoue que j'ai peine à le croire.

Dans les sociétés aristocratiques, la classe qui dirige l'opinion et mène les affaires, étant placée d'une manière permanente et héréditaire au-dessus de la foule, conçoit naturellement une idée superbe d'elle-même et de l'homme. Elle imagine volontiers pour lui des jouissances glorieuses, et fixe des buts magnifiques à ses désirs. Les aristocraties font souvent des actions fort tyranniques et fort inhumaines, mais elles conçoivent rarement des pensées basses, et elles montrent un certain dédain orgueilleux pour les petits plaisirs, alors même qu'elles s'y livrent; cela y monte toutes les âmes sur un ton fort haut. Dans les temps aristocratiques on se fait généralement des *idées* très-vastes de la dignité, de la puissance, de la grandeur de l'homme. Ces opinions influent sur ceux qui cultivent les sciences comme sur tous les autres; elles facilitent l'élan naturel de l'esprit vers les plus hautes régions de la pensée, et la disposent naturellement à concevoir l'amour sublime et presque divin de la vérité.

Les savants de ces temps sont donc entraînés vers la théorie, et il leur arrive même souvent de concevoir un mépris inconsidéré pour la pratique. « Archimède, dit Plutarque, a eu le cœur si
« haut qu'il ne daigna jamais laisser par écrit au-
« cune œuvre de la manière de dresser toutes ces
« machines de guerre, et réputant toute cette
« science d'inventer et composer machines et gé-
« néralement tout art qui rapporte quelque uti-

« lité à le mettre en pratique, vil, bas et merce-
« naire, il employa son esprit et son étude à écrire
« seulement choses dont la beauté et la subtilité
« ne fût aucunement mêlée avec nécessité. » Voilà
la visée aristocratique des sciences.

Elle ne saurait être la même chez les nations démocratiques.

La plupart des hommes qui composent ces nations sont fort avides de jouissances matérielles et présentes; comme ils sont toujours mécontents de la position qu'ils occupent, et toujours libres de la quitter, ils ne songent qu'aux moyens de changer leur fortune ou de l'accroître. Pour des esprits ainsi disposés, toute méthode nouvelle qui mène par un chemin plus court à la richesse, toute machine qui abrège le travail, tout instrument qui diminue les frais de la production, toute découverte qui facilite les plaisirs et les augmente, semble le plus magnifique effort de l'intelligence humaine. C'est principalement par ce côté que les peuples démocratiques s'attachent aux sciences, les comprennent et les honorent. Dans les siècles aristocratiques on demande particulièrement aux sciences les jouissances de l'esprit; dans les démocraties, celles du corps.

Comptez que plus une nation est démocratique, éclairée et libre, plus le nombre de ces appréciateurs intéressés du génie scientifique ira s'accroissant, et plus les découvertes immédiatement applicables à l'industrie, donneront de profit, de gloire, et même de puissance à leurs auteurs; car, dans les démocraties, la classe qui travaille prend part aux affaires publiques, et ceux qui la servent ont à attendre d'elle des honneurs aussi bien que de l'argent.

On peut aisément concevoir que dans une société organisée de cette manière, l'esprit humain soit insensiblement conduit à négliger la théorie, et qu'il doit au contraire, se sentir poussé avec une énergie sans pareille vers l'application, ou tout au moins vers cette portion de la théorie qui est nécessaire à ceux qui appliquent.

En vain, un penchant instinctif l'élève-t-il vers les plus hautes sphères de l'intelligence, l'intérêt le ramène vers les moyennes. C'est là qu'il déploie sa force et son inquiète activité, et enfante des merveilles. Ces mêmes Américains, qui n'ont pas découvert une seule des lois générales de la mécanique, ont introduit dans la navigation une machine nouvelle qui change la face du monde.

Certes, je suis loin de prétendre que les peuples démocratiques de nos jours soient destinés à voir éteindre les lumières transcendantes de l'esprit humain, ni même qu'il ne doive pas s'en allumer de nouvelles dans leur sein. A l'âge du monde où nous sommes, et parmi tant de nations lettrées, que tourmente incessamment l'ardeur de l'industrie, les liens qui unissent entre elles les différentes parties de la science ne peuvent manquer de frapper les regards; et le goût même de la pratique s'il est éclairé, doit porter les hommes à ne point négliger la théorie. Au milieu de tant d'essais d'applications, de tant d'expériences chaque jour répétées, il est comme impossible que, souvent des lois très-générales ne viennent pas à apparaître; de telle sorte que les grandes découvertes seraient fréquentes, bien que les grands inventeurs fussent rares.

Je crois d'ailleurs aux hautes vocations scientifiques. Si la démocratie ne porte point les hommes à cultiver les sciences pour elles-mêmes, d'une autre part elle augmente immensément le nombre de ceux qui les cultivent. Il n'est pas à croire que, parmi une si grande multitude, il ne naisse point de temps en temps quelque génie spéculatif, que le seul amour de la vérité enflamme. On peut être assuré que celui-là s'efforcera de percer les plus profonds mystères de la nature, quel que soit l'esprit de son pays et de son temps. Il n'est pas besoin d'aider son essor; il suffit de ne point l'arrêter. Tout ce que je veux dire est ceci : l'inégalité permanente des conditions porte les hommes à se renfermer dans la recherche orgueilleuse et stérile des vérités abstraites; tandis que l'état social et les institutions démocratiques les disposent à ne demander aux sciences que leurs applications immédiates et utiles.

Cette tendance est naturelle et inévitable. Il est curieux de la connaître, et il peut être nécessaire de la montrer.

Si ceux qui sont appelés à diriger les nations de nos jours apercevaient clairement et de loin ces instincts nouveaux qui bientôt seront irrésistibles, ils comprendraient qu'avec des lumières et de la liberté, les hommes qui vivent dans les siècles démocratiques, ne peuvent manquer de perfectionner la portion industrielle des sciences, et que désormais tout l'effort du pouvoir social doit se porter à soutenir les hautes études, et à créer de grandes passions scientifiques.

De nos jours, il faut retenir l'esprit humain dans la théorie, il court de lui-même à la pratique, et au lieu de le ramener sans cesse vers l'examen détaillé des effets secondaires, il est bon de l'en distraire quelquefois, pour l'élever jusqu'à la contemplation des causes premières.

Parce que la civilisation romaine est morte à la suite de l'invasion des barbares, nous sommes peut-être trop enclins à croire que la civilisation ne saurait autrement mourir.

Si les lumières qui nous éclairent venaient jamais à s'éteindre, elles s'obscurciraient peu à peu, et comme d'elles-mêmes. A force de se renfermer dans l'application, on perdrait de vue les principes, et quand on aurait entièrement oublié les principes, on suivrait mal les méthodes qui en dérivent; on ne pourrait plus en inventer de nouvelles, et l'on emploierait sans intelligence et sans art de savants procédés qu'on ne comprendrait plus.

Lorsque les Européens abordèrent, il y a trois cents ans, à la Chine, ils y trouvèrent presque tous les arts parvenus à un certain degré de perfection, et ils s'étonnèrent, qu'étant arrivés à ce point, on n'eût pas été plus avant. Plus tard, ils découvrirent les vestiges de quelques hautes connaissances qui s'étaient perdues. La nation était industrielle; la plupart des méthodes scientifiques s'étaient conservées dans son sein; mais la science elle-même n'y existait plus. Cela leur expliqua l'espèce d'immobilité singulière dans laquelle ils avaient trouvé l'esprit de ce peuple. Les Chinois, en suivant la trace de leurs pères, avaient oublié les raisons qui avaient dirigé ceux-ci. Ils se servaient encore de la formule sans en rechercher le sens; ils gardaient l'instrument et ne possédaient plus l'art de le modifier et de le reproduire. Les Chinois ne pouvaient donc rien changer. Ils devaient renoncer à améliorer. Ils étaient forcés d'imiter toujours et en tout leurs pères, pour ne pas se jeter dans des ténèbres impénétrables, s'ils s'écartaient un instant du chemin que ces derniers avaient tracé. La source des connaissances humaines était presque tarie; et, bien que le fleuve coulât encore, il ne pouvait plus grossir ses ondes ou changer son cours.

Cependant la Chine subsistait paisiblement, depuis des siècles; ses conquérants avaient pris ses mœurs; l'ordre y régnait. Un sorte de bien-être matériel s'y laissait apercevoir de tous côtés. Les révolutions y étaient très-rares, et la guerre pour ainsi dire inconnue.

Il ne faut donc point se rassurer en pensant que les barbares sont encore loin de nous; car, s'il y a des peuples qui se laissent arracher des mains la lumière, il y en a d'autres qui l'étouffent eux-mêmes sous leurs pieds.

CHAPITRE XI.

Dans quel esprit les Américains cultivent les arts.

Je croirais perdre le temps des lecteurs et le mien, si je m'attachais à montrer comment la médiocrité générale des fortunes, l'absence du superflu, le désir universel du bien-être, et les constants efforts auxquels chacun se livre pour se le procurer, font prédominer dans le cœur de l'homme le goût de l'utile sur l'amour du beau. Les nations démocratiques, chez lesquelles toutes ces choses se rencontrent, cultiveront donc les arts qui servent à rendre la vie commode, de préférence à ceux dont l'objet est de l'embellir; elles préféreront habituellement l'utile au beau, et elles voudront que le beau soit utile.

Mais je prétends aller plus avant, et après avoir indiqué le premier trait, en dessiner plusieurs autres.

Il arrive d'ordinaire que dans les siècles de priviléges, l'exercice de presque tous les arts devient un privilége, et que chaque profession est un monde à part où il n'est pas loisible à chacun d'entrer. Et lors même que l'industrie est libre, l'immobilité naturelle aux nations aristocratiques, fait que tous ceux qui s'occupent d'un même art, finissent néanmoins par former une classe distincte, toujours composée des mêmes familles, dont tous les membres se connaissent, et où il naît bientôt une opinion publique et un orgueil de corps. Dans une classe industrielle de cette espèce, chaque artisan n'a pas seulement sa fortune à faire, mais sa considération à garder. Ce n'est pas seulement son intérêt qui fait sa règle, ni même celui de l'acheteur, mais celui du corps, et l'intérêt du corps est que chaque artisan produise des chefs-d'œuvre. Dans les siècles aristocratiques, la visée des arts est donc de faire le mieux possible, et non le plus vite, ni au meilleur marché.

Lorsqu'au contraire chaque profession est ouverte à tous, que la foule y entre et en sort sans cesse, et que ses différents membres deviennent étrangers, indifférents et presque invisibles les uns aux autres, à cause de leur multitude, le lien social est détruit, et chaque ouvrier ramené vers lui-même, ne cherche qu'à gagner le plus d'argent possible aux moindres frais, il n'y a plus que la volonté du consommateur qui le limite. Or, il arrive que, dans le même temps, une révolution correspondante se fait sentir chez ce dernier.

Dans les pays où la richesse comme le pouvoir se trouve concentrée, dans quelques mains, et n'en sort pas, l'usage de la plupart des biens de ce monde appartient à un petit nombre d'individus toujours le même; la nécessité, l'opinion, la modération des désirs en écartent tous les autres.

Comme cette classe aristocratique se tient immobile au point de grandeur où elle est placée sans se resserrer, ni s'étendre, elle éprouve toujours les mêmes besoins et les ressent de la même manière. Les hommes qui la composent puisent naturellement dans la position supérieure et héréditaire qu'ils occupent, le goût de ce qui est très-bien fait et très-durable.

Cela donne une tournure générale aux idées de la nation en fait d'arts.

Il arrive souvent que, chez ces peuples, le paysan lui-même aime mieux se priver entièrement des objets qu'il convoite, que de les acquérir imparfaits.

Dans les aristocraties les ouvriers ne travaillent donc que pour un nombre limité d'acheteurs, très-difficiles à satisfaire. C'est de la perfection de leurs travaux que dépend principalement le gain qu'ils attendent.

Il n'en est plus ainsi lorsque tous les priviléges étant détruits, les rangs se mêlent, et que tous les hommes s'abaissent et s'élèvent sans cesse sur l'échelle sociale.

On rencontre toujours dans le sein d'un peuple démocratique, une foule de citoyens dont le patrimoine se divise et décroît. Ils ont contracté, dans des temps meilleurs, certains besoins qui leur restent, après que la faculté de les satisfaire n'existe plus, et ils cherchent avec inquiétude s'il n'y aurait pas quelques moyens détournés d'y pourvoir.

D'autre part, on voit toujours dans les démocraties un très-grand nombre d'hommes dont la fortune croît, mais dont les désirs croissent bien plus vite que la fortune, et qui dévorent des yeux les biens qu'elle leur promet, longtemps avant qu'elle ne les livre. Ceux-ci cherchent de tous côtés à s'ouvrir des voies plus courtes vers ces jouissances voisines. De la combinaison de ces deux causes, il résulte qu'on rencontre toujours dans les démocraties une multitude de citoyens dont les besoins sont au-dessus des ressources, et qui consentiraient volontiers à se satisfaire incomplètement, plutôt que de renoncer tout à fait à l'objet de leur convoitise.

L'ouvrier comprend aisément ces passions, parce que lui-même les partage : dans les aristocraties, il cherchait à vendre ses produits très-cher à quelques uns ; il conçoit maintenant qu'il y aurait un moyen plus expéditif de s'enrichir; ce serait de les vendre bon marché à tous.

Or, il n'y a que deux manières d'arriver à baisser le prix d'une marchandise.

La première est de trouver des moyens meilleurs, plus courts et plus savants de la produire. La seconde est de fabriquer en plus grande quantité des objets à peu près semblables, mais d'une moindre valeur. Chez les peuples démocratiques, toutes les facultés intellectuelles de l'ouvrier sont dirigées vers ces deux points.

Il s'efforce d'inventer des procédés qui lui permettent de travailler, non pas seulement mieux, mais plus vite, et à moindre frais, et, s'il ne peut y parvenir, de diminuer les qualités intrinsèques de la chose qu'il fait, sans la rendre entièrement impropre à l'usage auquel on la destine. Quand il n'y avait que les riches qui eussent des montres, elles étaient presque toutes excellentes. On n'en fait plus guère que de médiocres, mais tout le monde en a. Ainsi, la démocratie ne tend pas seulement à diriger l'esprit humain vers les arts utiles; elle porte les artisans à faire très-rapidement beaucoup de choses imparfaites, et le consommateur à se contenter de ces choses.

Ce n'est pas que dans les démocraties l'art ne soit capable, au besoin, de produire des merveilles. Cela se découvre parfois, quand il se présente des acheteurs qui consentent à payer le temps et la peine. Dans cette lutte de toutes les industries, au milieu de cette concurrence immense et de ces essais sans nombre, il se forme des ouvriers excellents qui pénètrent jusqu'aux dernières limites de leur profession; mais ceux-ci ont rarement l'occasion de montrer ce qu'ils savent faire : ils ménagent leurs efforts avec soin; ils se tiennent dans une médiocrité savante qui se juge elle-même, et qui, pouvant atteindre au-delà du but qu'elle se propose, ne vise qu'au but qu'elle atteint. Dans les aristocraties au contraire, les ouvriers font toujours tout ce qu'ils savent faire, et lorsqu'ils s'arrêtent, c'est qu'ils sont au bout de leur science.

Lorsque j'arrive dans un pays et que je vois les arts donner quelques produits admirables, cela ne m'apprend rien sur l'état social et la constitution politique du pays. Mais si j'aperçois que les produits des arts y sont généralement imparfaits, en très-grand nombre et à bas prix, je suis assuré que, chez le peuple où ceci se passe, les priviléges s'affaiblissent, et les classes commencent à se mêler et vont bientôt se confondre.

Les artisans qui vivent dans les siècles démocratiques ne cherchent pas seulement à mettre à la portée de tous les citoyens leurs produits utiles, ils s'efforcent encore de donner à tous leurs produits des qualités brillantes que ceux-ci n'ont pas.

Dans la confusion de toutes les classes, chacun espère pouvoir paraître ce qu'il n'est pas et se livre à de grands efforts pour y parvenir. La démocratie ne fait pas naître ce sentiment qui n'est que trop naturel au cœur de l'homme; mais elle l'applique aux choses matérielles: l'hypocrisie de la vertu est de tous les temps; celle du luxe appartient plus particulièrement aux siècles démocratiques.

Pour satisfaire ces nouveaux besoins de la vanité humaine, il n'est point d'impostures auxquelles les arts n'aient recours; l'industrie va quelquefois si loin dans ce sens qu'il lui arrive de se nuire à elle-même. On est déjà parvenu à imiter si parfaitement le diamant, qu'il est facile de s'y méprendre. Du moment où l'on aura inventé l'art de fabriquer les faux diamants, de manière à ce qu'on ne puisse plus les distinguer des véritables, on abandonnera vraisemblablement les uns et les autres, et ils redeviendront des cailloux.

Ceci me conduit à parler de ceux des arts qu'on a nommés, par excellence, les beaux-arts.

Je ne crois point que l'effet nécessaire de l'état social et des institutions démocratiques soit de diminuer le nombre des hommes qui cultivent les beaux-arts; mais ces causes influent puissamment sur la manière dont ils sont cultivés. La plupart de ceux qui avaient déjà contracté le goût des beaux-arts devenant pauvres, et, d'un autre côté, beaucoup de ceux qui ne sont pas encore riches commençant à concevoir, par imitation, le goût des beaux-arts, la quantité des consommateurs en général s'accroît, et les consommateurs très-riches et très-fins, deviennent plus rares. Il se passe alors dans les beaux-arts quelque chose d'analogue à ce que j'ai déjà fait voir quand j'ai parlé des arts utiles. Ils multiplient leurs œuvres et diminuent le mérite de chacune d'elles.

Ne pouvant plus viser au grand, on cherche l'élégant et le joli; on tend moins à la réalité qu'à l'apparence.

Dans les aristocraties on fait quelques grands tableaux, et, dans les pays démocratiques, une multitude de petites peintures. Dans les premières on élève des statues de bronze, et dans les seconds on coule des statues de plâtre.

Lorsque j'arrivai pour la première fois à New-

York par cette partie de l'océan Atlantique qu'on nomme la rivière de l'Est, je fus surpris d'apercevoir, le long du rivage, à quelque distance de la ville, un certain nombre de petits palais de marbre blanc, dont plusieurs avaient une architecture antique; le lendemain, ayant été pour considérer de plus près celui qui avait particulièrement attiré mes regards, je trouvai que ses murs étaient de briques blanchies et ses colonnes de bois peint. Il en était de même de tous les monuments que j'avais admirés la veille.

L'état social et les institutions démocratiques donnent, de plus, à tous les arts d'imitation, de certaines tendances particulières qu'il est facile de signaler. Ils les détournent souvent de la peinture de l'âme pour ne les attacher qu'à celle du corps; et ils substituent la représentation des mouvements et des sensations à celle des sentiments et des idées; à la place de l'idéal ils mettent enfin le réel.

Je doute que Raphaël ait fait une étude aussi approfondie des moindres ressorts du corps humain que les dessinateurs de nos jours. Il n'attachait pas la même importance qu'eux à la rigoureuse exactitude sur ce point, car il prétendait surpasser la nature. Il voulait faire de l'homme quelque chose qui fût supérieur à l'homme, il entreprenait d'embellir la beauté même.

David et ses élèves étaient, au contraire, aussi bons anatomistes que bons peintres. Ils représentaient merveilleusement bien les modèles qu'ils avaient sous les yeux, mais il était rare qu'ils imaginassent rien au-delà; ils suivaient exactement la nature, tandis que Raphaël cherchait mieux qu'elle. Ils nous ont laissé une exacte peinture de l'homme, mais le premier nous fait entrevoir la Divinité dans ses œuvres.

On peut appliquer au choix même du sujet ce que j'ai dit de la manière de le traiter.

Les peintres de la renaissance cherchaient d'ordinaire au-dessus d'eux, ou loin de leur temps, de grands sujets qui laissassent à leur imagination une vaste carrière. Nos peintres mettent souvent leur talent à reproduire exactement les détails de la vie privée qu'ils ont sans cesse sous les yeux, et ils copient de tous côtés de petits objets qui n'ont que trop d'originaux dans la nature.

CHAPITRE XII.

Pourquoi les Américains élèvent en même temps de si petits et de si grands monuments.

Je viens de dire que, dans les siècles démocratiques, les monuments des arts tendaient à devenir plus nombreux et moins grands. Je me hâte d'indiquer moi-même l'exception à cette règle.

Chez les peuples démocratiques, les individus sont très-faibles ; mais l'état qui les représente tous, et les tient tous dans sa main, est très-fort. Nulle part les citoyens ne paraissent plus petits que dans une nation démocratique. Nulle part la nation elle-même ne semble plus grande et l'esprit ne s'en fait plus aisément un vaste tableau.

Dans les sociétés démocratiques, l'imagination des hommes se resserre quand ils songent à eux-mêmes ; elle s'étend indéfiniment quand ils pensent à l'État. Il arrive de là que les mêmes hommes qui vivent petitement dans d'étroites demeures, visent souvent au gigantesque dès qu'il s'agit des monuments publics.

Les Américains ont placé sur le lieu dont ils voulaient faire leur capitale, l'enceinte d'une ville immense qui aujourd'hui encore, n'est guère plus peuplée que Pontoise, mais qui, suivant eux, doit contenir un jour un million d'habitants ; déjà, ils ont déraciné les arbres à dix lieues à la ronde, de peur qu'ils ne vinssent à incommoder les futurs citoyens de cette métropole imaginaire. Ils ont élevé au centre de la cité, un palais magnifique pour servir de siége au congrès et ils lui ont donné le nom pompeux de Capitole.

Tous les jours, les États particuliers eux-mêmes conçoivent et exécutent des entreprises prodigieuses dont s'étonnerait le génie des grandes nations de l'Europe.

Ainsi, la démocratie ne porte pas seulement les hommes à faire une multitude de menus ouvrages ; elle les porte aussi à élever un petit nombre de très-grands monuments. Mais entre ces deux extrêmes, il n'y a rien. Quelques restes épars de très-vastes édifices n'annoncent donc rien sur l'état social et les institutions du peuple qui les a élevés.

J'ajoute, quoique cela sorte de mon sujet, qu'ils ne font pas mieux connaître sa grandeur, ses lumières et sa prospérité réelle.

Toutes les fois qu'un pouvoir quelconque sera capable de faire concourir tout un peuple à une seule entreprise, il parviendra avec peu de science et beaucoup de temps à tirer du concours de si grands efforts quelque chose d'immense, sans que pour cela il faille conclure que le peuple est très-heureux, très-éclairé ni même très-fort. Les Espagnols ont trouvé la ville de Mexico remplie de temples magnifiques et de vastes palais; ce qui n'a point empêché Cortès de conquérir l'empire du Mexique avec 600 fantassins et 16 chevaux.

Si les Romains avaient mieux connu les lois de l'hydraulique, ils n'auraient point élevé tous ces aqueducs qui environnent les ruines de leurs cités, ils auraient fait un meilleur emploi de leur puissance et de leur richesse. S'ils avaient découvert la machine à vapeur, peut-être n'auraient-ils point étendu jusqu'aux extrémités de leur empire ces longs rochers artificiels qu'on nomme des voies romaines.

Ces choses sont de magnifiques témoignages de leur ignorance en même temps que de leur grandeur.

Le peuple qui ne laisserait d'autres vestiges de son passage que quelques tuyaux de plomb dans la terre et quelques tringles de fer sur sa surface, pourrait avoir été plus maître de la nature que les Romains.

CHAPITRE XIII.

Physionomie littéraire des siècles démocratiques.

—⋯o⋯—

Lorsqu'on entre dans la boutique d'un libraire aux États-Unis, et qu'on visite les livres américains qui en garnissent les rayons, le nombre des ouvrages y paraît fort grand; tandis que celui des auteurs connus y semble au contraire fort petit.

On trouve d'abord une multitude de traités élémentaires destinés à donner la première notion des connaissances humaines. La plupart de ces ouvrages ont été composés en Europe. Les Américains les réimpriment en les adaptant à leur usage. Vient ensuite une quantité presque innombrable de livres de religion, bibles, sermons, anecdotes pieuses, controverses, comptes-rendus d'établissements charitables. Enfin, paraît le long catalogue des pamphlets politiques; en Amérique, les partis ne font point de livres pour se combattre, mais des brochures qui circulent avec une incroyable rapidité, vivent un jour et meurent.

Au milieu de toutes ces obscures productions de l'esprit humain, apparaissent les œuvres plus remarquables d'un petit nombre d'auteurs seulement qui sont connus des Européens ou qui devraient l'être.

Quoique l'Amérique soit peut-être de nos jours le pays civilisé où l'on s'occupe le moins de littérature, il s'y rencontre cependant une grande quantité d'individus qui s'intéressent aux choses de l'esprit, et qui en font sinon l'étude de toute leur vie, du moins le charme de leurs loisirs. Mais c'est l'Angleterre qui fournit à ceux-ci, la plupart des livres qu'ils réclament. Presque tous les grands ouvrages anglais sont reproduits aux États-Unis. Le génie littéraire de la Grande-Bretagne darde encore ses rayons jusqu'au fond des forêts du Nouveau-Monde. Il n'y a guère de cabane de pionnier où l'on ne rencontre quelques tomes dépareillés de Shakespeare. Je me rapelle avoir lu pour la première fois le drame féodal d'Henri V dans une log-house.

Non seulement les Américains vont puiser

chaque jour dans les trésors de la littérature anglaise, mais on peut dire avec vérité qu'ils trouvent la littérature de l'Angleterre sur leur propre sol. Parmi le petit nombre d'hommes qui s'occupent aux États-Unis à composer des œuvres de littérature la plupart sont Anglais par le fond et surtout par la forme. Ils transportent ainsi au milieu de la démocratie les idées et les usages littéraires qui ont cours chez la nation aristocratique qu'ils ont prise pour modèle. Ils peignent avec des couleurs empruntées des mœurs étrangères; ne représentant presque jamais dans sa réalité le pays qui les a vus naître, ils y sont rarement populaires.

Les citoyens des États-Unis semblent eux-mêmes si convaincus que ce n'est point pour eux qu'on publie des livres, qu'avant de se fixer sur le mérite d'un de leurs écrivains, ils attendent d'ordinaire qu'il ait été goûté en Angleterre. C'est ainsi, qu'en fait de tableaux on laisse volontiers à l'auteur de l'original le droit de juger la copie.

Les habitants des États-Unis n'ont donc point encore, à proprement parler, de littérature. Les seuls auteurs que je reconnaisse pour Américains sont des journalistes. Ceux-ci ne sont pas de grands écrivains, mais ils parlent la langue du pays te s'en font entendre. Je ne vois dans les autres que des étrangers. Ils sont pour les Américains ce que furent pour nous les imitateurs des Grecs et des Romains à l'époque de la naissance des lettres, un objet de curiosité, non de générale sympathie. Ils amusent l'esprit, et n'agissent point sur les mœurs.

J'ai déjà dit que cet état de choses était bien loin de tenir seulement à la démocratie, et qu'il fallait en rechercher les causes dans plusieurs circonstances particulières et indépendantes d'elle.

Si les Américains, tout en conservant leur état social et leurs lois, avaient une autre origine et se trouvaient transportés dans un autre pays, je ne doute point qu'ils n'eussent une littérature. Tels qu'ils sont, je suis assuré qu'ils finiront par en avoir une; mais elle aura un caractère différent de celui qui se manifeste dans les écrits américains de nos jours et qui lui sera propre. Il n'est pas impossible de tracer ce caractère à l'avance.

Je suppose un peuple aristocratique chez lequel on cultive les lettres; les travaux de l'intelligence, de même que les affaires du gouvernement, y sont réglés par une classe souveraine. La vie littéraire, comme l'existence politique, est presque entièrement concentrée dans cette classe ou dans celles qui l'avoisinent le plus près. Ceci me suffit pour avoir la clé de tout le reste.

Lorsqu'un petit nombre d'hommes, toujours les mêmes, s'occupent en même temps des mêmes objets, ils s'entendent aisément, et arrêtent en commun certaines règles principales qui doivent diriger chacun d'eux. Si l'objet qui attire l'attention de ces hommes est la littérature, les travaux de l'esprit seront bientôt soumis par eux à quelques lois précises dont il ne sera plus permis de s'écarter.

Si ces hommes occupent dans le pays une position héréditaire ils seront naturellement enclins non-seulement à adopter pour eux-mêmes un certain nombre de règles fixes, mais à suivre celles que s'étaient imposés leurs aïeux; leur législation sera tout à la fois rigoureuse et traditionnelle.

Comme ils ne sont point nécessairement préoccupés des choses matérielles, qu'ils ne l'ont jamais été, et que leurs pères ne l'étaient pas davantage, ils ont pu s'intéresser, pendant plusieurs générations, aux travaux de l'esprit. Ils ont compris l'art littéraire et ils finissent par l'aimer pour lui-même et par goûter un plaisir savant à voir qu'on s'y conforme.

Ce n'est pas tout encore : les hommes dont je parle ont commencé leur vie et l'achèvent dans l'aisance ou dans la richesse; ils ont donc naturellement conçu le goût des jouissances recherchées et l'amour des plaisirs fins et délicats.

Bien plus, une certaine mollesse d'esprit et de cœur, qu'ils contractent souvent au milieu de ce long et paisible usage de tant de biens, les porte à écarter de leurs plaisirs mêmes ce qui pourrait s'y rencontrer de trop inattendu et de trop vif. Ils préfèrent être amusés que vivement émus; ils veulent qu'on les intéresse, mais non qu'on les entraîne.

Imaginez maintenant un grand nombre de travaux littéraires exécutés par les hommes que je viens de peindre, ou pour eux, et vous concevrez sans peine une littérature où tout sera régulier et coordonné à l'avance. Le moindre ouvrage y sera soigné dans ses plus petits détails; l'art et le travail s'y montreront en toutes choses; chaque genre y aura ses règles particulières dont il ne sera point loisible de s'écarter, et qui l'isoleront de tous les autres.

Le style y paraîtra presque aussi important que l'idée, la forme que le fond; le ton en sera poli, modéré, soutenu. L'esprit y aura toujours une démarche noble, rarement une allure vive, et les écrivains s'attacheront plus à perfectionner qu'à produire.

Il arrivera quelquefois que les membres de la classe lettrée, ne vivant jamais qu'entre eux et n'écrivant que pour eux, perdront entièrement de vue le reste du monde, ce qui les jettera dans le recherché et le faux; ils s'imposeront de petites règles littéraires à leur seul usage qui les écarteront insensiblement du bon sens et les conduiront enfin hors de la nature.

A force de vouloir parler autrement que le vulgaire ils en viendront à une sorte de jargon aristocratique qui n'est guère moins éloigné du beau langage que le patois du peuple.

Ce sont là les écueils naturels de la littérature dans les aristocraties.

Toute aristocratie qui se met entièrement à part du peuple devient impuissante. Cela est vrai dans les lettres aussi bien qu'en politique (1).

Retournons présentement le tableau et considérons le revers.

Transportons-nous au sein d'une démocratie que ses anciennes traditions et ses lumières présentes rendent sensible aux jouissances de l'esprit. Les rangs y sont mêlés et confondus; les connaissances comme le pouvoir y sont divisés à l'infini, et, si j'ose le dire, éparpillés de tous côtés.

---

(1) Tout ceci est surtout vrai des pays aristocratiques, qui ont été longtemps et paisiblement soumis au pouvoir d'un roi.

Quand la liberté règne dans une aristocratie, les hautes classes sont sans cesse obligées de se servir des basses; et, en s'en servant, elles s'en rapprochent. Cela fait souvent pénétrer quelque chose de l'esprit démocratique dans leur sein. Il se développe, d'ailleurs, chez un corps privilégié qui gouverne une énergie et une habitude d'entreprise, un goût du mouvement et du bruit, qui ne peuvent manquer d'influer sur tous les travaux littéraires.

Voici une foule confuse dont les besoins intellectuels sont à satisfaire. Ces nouveaux amateurs des plaisirs de l'esprit n'ont point tous reçu la même éducation ; ils ne possèdent pas les mêmes lumières, ils ne ressemblent point à leurs pères, et à chaque instant ils diffèrent d'eux-mêmes ; car ils changent sans cesse de place, de sentiments et de fortunes. L'esprit de chacun d'eux n'est donc point lié à celui de tous les autres par des traditions et des habitudes communes, et ils n'ont jamais eu ni le pouvoir, ni la volonté, ni le temps de s'entendre entre eux.

C'est pourtant au sein de cette multitude incohérente et agitée que naissent les auteurs, et c'est elle qui distribue à ceux-ci les profits et la gloire.

Je n'ai point de peine à comprendre que, les choses étant ainsi, je dois m'attendre à ne rencontrer dans la littérature d'un pareil peuple qu'un petit nombre de ces conventions rigoureuses que reconnaissent dans les siècles aristocratiques les lecteurs et les écrivains. S'il arrivait que les hommes d'une époque tombassent d'accord sur quelques unes, cela ne prouverait encore rien pour l'époque suivante, car, chez les nations démocratiques, chaque génération nouvelle est un nouveau peuple. Chez ces nations, les lettres ne sauraient donc que difficilement être soumises à des règles étroites, et il est comme impossible qu'elles le soient jamais à des règles permanentes.

Dans les démocraties, il s'en faut de beaucoup que tous les hommes qui s'occupent de littérature aient reçu une éducation littéraire et, parmi ceux d'entre eux qui ont quelque teinture de belles-lettres, la plupart suivent une carrière politique, ou embrassent une profession dont ils ne peuvent se détourner, que par moments, pour goûter à la dérobée les plaisirs de l'esprit. Ils ne font donc point de ces plaisirs le charme principal de leur existence ; mais ils les considèrent comme un délassement passager et nécessaire au milieu des sérieux travaux de la vie : de tels hommes ne sauraient jamais acquérir la connaissance assez approfondie de l'art littéraire pour en sentir les délicatesses ; les petites nuances leur échappent. N'ayant qu'un temps fort court à donner aux lettres, ils veulent le mettre à profit tout entier. Ils aiment les livres qu'on se procure sans peine, qui se lisent vite, qui n'exigent point de recherches savantes pour être compris. Ils demandent des beautés faciles qui se livrent d'elles-mêmes et dont on puisse jouir sur l'heure ; il leur faut surtout de l'inattendu et du nouveau. Habitués à une existence pratique, contestée, monotone, ils ont besoin d'émotions vives et rapides, de clartés soudaines, de vérités ou d'erreurs brillantes qui les tirent à l'instant d'eux-mêmes et les introduisent tout à coup, et comme par violence, au milieu du sujet.

Qu'ai-je besoin d'en dire davantage? et qui ne comprend, sans que je l'exprime, ce qui va suivre?

Prise dans son ensemble, la littérature des siècles démocratiques ne saurait présenter, ainsi que dans les temps d'aristocratie, l'image de l'ordre, de la régularité, de la science et de l'art; la forme s'y trouvera, d'ordinaire, négligée et parfois méprisée. Le style s'y montrera souvent bizarre, incorrect, surchargé et mou, et presque toujours hardi et véhément. Les auteurs y viseront à la rapidité de l'exécution plus qu'à la perfection des détails. Les petits écrits y seront plus fréquents que les gros livres; l'esprit que l'érudition, l'imagination que la profondeur; il y règnera une force inculte et presque sauvage dans la pensée, et souvent une variété très-grande et une fécondité singulière dans ses produits. On tâchera d'étonner plutôt que de plaire, et l'on s'efforcera d'entraîner les passions plus que de charmer le goût.

Il se rencontrera sans doute de loin en loin des écrivains qui voudront marcher dans une autre voie, et, s'ils ont un mérite supérieur, ils réussiront, en dépit de leurs défauts et de leurs qualités, à se faire lire; mais ces exceptions seront rares, et ceux même qui, dans l'ensemble de leurs ouvrages, seront ainsi sortis du commun usage, y rentreront toujours par quelques détails.

Je viens de peindre deux états extrêmes; mais les nations ne vont point tout à coup du premier au second; elles n'y arrivent que graduellement et à travers des nuances infinies. Dans le passage qui conduit un peuple lettré de l'un à l'autre, il survient presque toujours un moment où le génie littéraire des nations démocratiques se rencontrant avec celui des aristocraties, tous deux semblent vouloir régner d'accord sur l'esprit humain.

Ce sont là des époques passagères, mais très-brillantes : on a alors la fécondité sans exubérance, et le mouvement sans confusion. Telle fut la littérature française du dix-huitième siècle.

J'irais plus loin que ma pensée, si je disais que la littérature d'une nation est toujours subordonnée à son état social et à sa constitution politique. Je sais que, indépendamment de ces causes, il en est plusieurs autres, qui donnent de certains caractères aux œuvres littéraires; mais celles-là me paraissent les principales.

Les rapports qui existent entre l'état social et politique d'un peuple et le génie de ses écrivains sont toujours très-nombreux; qui connaît l'un, n'ignore jamais complètement l'autre.

CHAPITRE XIV.

De l'industrie littéraire.

La démocratie ne fait pas seulement pénétrer le goût des lettres dans les classes industrielles, elle introduit l'esprit industriel au sein de la littérature.

Dans les aristocraties, les lecteurs sont difficiles et peu nombreux; dans les démocraties il est moins malaisé de leur plaire, et leur nombre est prodigieux. Il résulte de là que, chez les peuples aristocratiques, on ne doit espérer de réussir qu'avec d'immenses efforts, et que ces efforts qui peuvent donner beaucoup de gloire, ne sauraient jamais procurer beaucoup d'argent; tandis que, chez les nations démocratiques, un écrivain peut se flatter d'obtenir à bon marché une médiocre renommée et une grande fortune. Il n'est pas nécessaire pour cela qu'on l'admire, il suffit qu'on le goûte.

La foule toujours croissante des lecteurs et le besoin continuel qu'ils ont du nouveau, assurent le débit d'un livre qu'ils n'estiment guère.

Dans les temps de démocratie le public en agit souvent avec les auteurs, comme le font d'ordinaire les rois avec leurs courtisans ; il les enrichit et les méprise. Que faut-il de plus aux âmes vénales qui naissent dans les cours, ou qui sont dignes d'y vivre ?

Les littératures démocratiques fourmillent toujours de ces auteurs qui n'aperçoivent dans les lettres qu'une industrie, et, pour quelques grands écrivains qu'on y voit, on y compte par milliers des vendeurs d'idées.

CHAPITRE XV.

Pourquoi l'étude de la littérature grecque et latine
est particulièrement utile dans les sociétés démocratiques.

Ce qu'on appelait le peuple dans les républiques les plus démocratiques de l'antiquité ne ressemblait guère à ce que nous nommons le peuple. A Athènes, tous les citoyens prenaient part aux affaires publiques; mais il n'y avait que vingt mille citoyens sur plus de trois cent cinquante mille habitants; tous les autres étaient esclaves, et remplissaient la plupart des fonctions qui appartiennent de nos jours au peuple et même aux classes moyennes.

Athènes, avec son suffrage universel, n'était

donc, après tout, qu'une république aristocratique où tous les nobles avaient un droit égal au gouvernement.

Il faut considérer la lutte des patriciens et des plébéiens de Rome sous le même jour et n'y voir qu'une querelle intestine entre les cadets et les aînés de la même famille. Tous tenaient en effet à l'aristocratie, et en avaient l'esprit.

L'on doit, de plus, remarquer que dans toute l'antiquité les livres ont été rares et chers, et qu'on a éprouvé une grande difficulté à les reproduire et à les faire circuler. Ces circonstances venant à concentrer dans un petit nombre d'hommes le goût et l'usage des lettres, formaient comme une petite aristocratie littéraire de l'élite d'une grande aristocratie politique. Aussi rien n'annonce que chez les Grecs et les Romains les lettres aient jamais été traitées comme une industrie.

Ces peuples, qui ne formaient pas seulement des aristocraties, mais qui étaient encore des nations très-policées et très-libres, ont donc dû donner à leurs productions littéraires les vices particuliers et les qualités spéciales qui caractérisent la littérature dans les siècles aristocratiques.

Il suffit, en effet, de jeter les yeux sur les écrits que nous a laissés l'antiquité, pour découvrir que si les écrivains y ont quelquefois manqué de variété et de fécondité dans les sujets, de hardiesse, de mouvement et de généralisation dans la pensée, ils ont toujours fait voir un art et un soin admirables dans les détails ; rien dans leurs œuvres ne semble fait à la hâte ni au hasard ; tout y est écrit pour les connaisseurs, et la recherche de la beauté idéale s'y montre sans cesse. Il n'y a pas de littérature qui mette plus ne relief que celle des anciens les qualités qui manquent naturellement aux écrivains des démocraties. Il n'existe donc point de littérature qu'il convienne mieux d'étudier dans les siècles démocratiques. Cette étude est, de toutes, la plus propre à combattre les défauts littéraires inhérents à ces siècles ; quant à leurs qualités naturelles, elles naîtront bien toutes seules, sans qu'il soit nécessaire d'apprendre à les acquérir.

C'est ici qu'il est besoin de bien s'entendre.

Une étude peut être utile à la littérature d'un peuple, et ne point être appropriée à ses besoins sociaux et politiques.

Si l'on s'obstinait à n'enseigner que les belles-lettres, dans une société où chacun serait habituellement conduit à faire de violents efforts pour accroître sa fortune, ou pour la maintenir, on aurait des citoyens très-polis et très-dangereux ; car l'état social et politique leur donnant, tous les jours, des besoins que l'éducation ne leur apprendrait jamais à satisfaire, ils troubleraient l'État, au nom des Grecs et des Romains, au lieu de le féconder par leur industrie.

Il est évident que, dans les sociétés démocratiques, l'intérêt des individus, aussi bien que la sûreté de l'État, exigent que l'éducation du plus grand nombre soit scientifique, commerciale et industrielle, plutôt que littéraire.

Le grec et le latin ne doivent pas être enseignés dans toutes les écoles ; mais il importe que ceux que leur naturel ou leur fortune destinent à cultiver les lettres, ou prédisposent à les goûter, trouvent des écoles où l'on puisse se rendre parfaitement maître de la littérature antique, et se pénétrer entièrement de son esprit. Quelques Universités excellentes vaudraient mieux, pour atteindre ce résultat, qu'une multitude de mauvais colléges, où des études superflues qui se font mal, empêchent de bien faire des études nécessaires.

Tous ceux qui ont l'ambition d'exceller dans les lettres, chez les nations démocratiques, doivent souvent se nourrir des œuvres de l'antiquité. C'est une hygiène salutaire.

Ce n'est pas que je considère les productions littéraires des anciens comme irréprochables. Je pense seulement qu'elles ont des qualités spéciales qui peuvent merveilleusement servir à contrebalancer nos défauts particuliers. Elles nous soutiennent par le bord où nous penchons.

CHAPITRE XVI.

Comment la démocratie américaine a modifié la langue anglaise.

Si ce que j'ai dit précédemment, à propos des lettres en général, a été bien compris du lecteur, il concevra sans peine quelle espèce d'influence l'état social et les institutions démocratiques peuvent exercer sur la langue elle-même, qui est le premier instrument de la pensée.

Les auteurs américains vivent plus, à vrai dire, en Angleterre que dans leur propre pays, puisqu'ils étudient sans cesse les écrivains anglais, et les prennent chaque jour pour modèle. Il n'en est pas ainsi de la population elle-même : celle-ci est soumise plus immédiatement aux causes particulières qui peuvent agir sur les États-Unis. Ce n'est donc point au langage écrit, mais au langage parlé, qu'il faut faire attention, si l'on veut apercevoir les modifications que l'idiôme d'un peuple aristocratique peut subir en devenant la langue d'une démocratie.

Des Anglais instruits et appréciateurs plus compétents de ces nuances délicates que je ne puis l'être moi-même, m'ont souvent assuré que les classes éclairées des États-Unis différaient notablement, par leur langage, des classes éclairées de la Grande-Bretagne.

Ils ne se plaignaient pas seulement de ce que les Américains avaient mis en usage beaucoup de mots nouveaux ; la différence et l'éloignement des pays eût-suffi pour l'expliquer ; mais de ce que ces mots nouveaux étaient particulièrement empruntés, soit au jargon des partis, soit aux arts mécaniques, ou à la langue des affaires. Ils ajoutaient que les anciens mots anglais étaient souvent pris par les Américains dans une acception nouvelle. Ils disaient enfin que les habitants des États-Unis entremêlaient fréquemment les styles d'une manière singulière, et qu'ils plaçaient quelquefois ensemble des mots qui, dans le langage de la mère-patrie, avaient coutume de s'éviter.

Ces remarques, qui me furent faites à plusieurs

reprises par des gens qui me parurent mériter d'être crus, me portèrent moi-même à réfléchir sur ce sujet, et mes réflexions m'amenèrent, par la théorie, au même point où ils étaient arrivés par la pratique.

Dans les aristocraties, la langue doit naturellement participer au repos où se tiennent toutes choses. On fait peu de mots nouveaux, parce qu'il se fait peu de choses nouvelles ; et fît-on des choses nouvelles, on s'efforcerait de les peindre avec les mots connus, et dont la tradition a fixé le sens.

S'il arrive que l'esprit humain s'y agite enfin de lui-même, ou que la lumière, pénétrant du dehors, le réveille, les expressions nouvelles qu'on crée ont un caractère savant, intellectuel et philosophique, qui indique qu'elles ne doivent pas la naissance à une démocratie. Lorsque la chûte de Constantinople eut fait refluer les sciences et les lettres vers l'occident, la langue française se trouva presque tout à coup envahie par une multitude de mots nouveaux, qui tous avaient leur racine dans le grec et le latin. On vit alors en France un néologisme érudit, qui n'était à l'usage que des classes éclairées, et dont les effets ne se firent jamais sentir, ou ne parvinrent qu'à la longue jusqu'au peuple.

Toutes les nations de l'Europe donnèrent successivement le même spectacle. Le seul Milton a introduit dans la langue anglaise plus de six cents mots, presque tous tirés du latin, du grec et de l'hébreu.

Le mouvement perpétuel qui règne au sein d'une démocratie, tend au contraire à y renouveler sans cesse la face de la langue, comme celle des affaires. Au milieu de cette agitation générale et de ce concours de tous les esprits, il se forme un grand nombre d'idées nouvelles; des idées anciennes se perdent ou reparaissent; ou bien elles se subdivisent en petites nuances infinies.

Il s'y trouve donc souvent des mots qui doivent sortir de l'usage, et d'autres qu'il faut y faire entrer.

Les nations démocratiques aiment d'ailleurs le mouvement pour lui-même. Cela se voit dans la langue aussi bien que dans la politique. Alors qu'elles n'ont pas le besoin de changer les mots, elles en sentent quelquefois le désir.

Le génie des peuples démocratiques ne se manifeste pas seulement dans le grand nombre de nouveaux mots qu'ils mettent en usage, mais encore dans la nature des idées que ces mots nouveaux représentent.

Chez ces peuples c'est la majorité qui fait la loi

en matière de langue, ainsi qu'en tout le reste. Son esprit se révèle là comme ailleurs. Or, la majorité est plus occupée d'affaires que d'études, d'intérêts politiques et commerciaux que de spéculations philosophiques, ou de belles-lettres. La plupart des mots créés ou admis par elle, porteront l'empreinte de ces habitudes; ils serviront principalement à exprimer les besoins de l'industrie, les passions des partis ou les détails de l'administration publique. C'est de ce côté-là que la langue s'étendra sans cesse, tandis qu'au contraire elle abandonnera peu à peu le terrain de la métaphysique et de la théologie.

Quant à la source où les nations démocratiques puisent leurs mots nouveaux, et à la manière dont elles s'y prennent pour les fabriquer, il est facile de les dire.

Les hommes qui vivent dans les pays démocratiques ne savent guère la langue qu'on parlait à Rome et à Athènes, et ils ne se soucient point de remonter jusqu'à l'antiquité, pour y trouver l'expression qui leur manque. S'ils ont quelquefois recours aux savantes étymologies, c'est d'ordinaire la vanité qui les leur fait chercher au fond des langues mortes; et non l'érudition qui les offre naturellement à leur esprit. Il arrive même quelquefois que ce sont les plus ignorants d'entre eux qui en font le plus d'usage. Le désir tout démocratique de sortir de sa sphère les porte souvent à vouloir rehausser une profession très-grossière, par un nom grec ou latin. Plus le métier est bas et éloigné de la science, plus le nom est pompeux et érudit. C'est ainsi que nos danseurs de corde se sont transformés en acrobates et en funambules.

A défaut de langues mortes, les peuples démocratiques empruntent volontiers des mots aux langues vivantes. Car, ils communiquent sans cesse entre eux, et les hommes des différents pays s'imitent volontiers, parce qu'ils se ressemblent chaque jour davantage.

Mais c'est principalement dans leur propre langue que les peuples démocratiques cherchent les moyens d'innover. Ils reprennent de temps en temps dans leur vocabulaire, des expressions oubliées qu'ils remettent en lumière ; ou bien, ils retirent à une classe particulière de citoyens, un terme qui lui est propre pour le faire entrer avec un sens figuré dans le langage habituel ; une multitude d'expressions qui n'avaient d'abord appartenu qu'à la langue spéciale d'un parti ou d'une profession, se trouvent ainsi entraînées dans la circulation générale.

L'expédient le plus ordinaire qu'emploient les

peuples démocratiques pour innover en fait de langage, consiste à donner à une expression déjà en usage un sens inusité. Cette méthode-là est très-simple, très-prompte et très-commode. Il ne faut pas de science pour s'en bien servir, et l'ignorance même en facilite l'emploi. Mais elle fait courir de grands périls à la langue. Les peuples démocratiques en doublant ainsi le sens d'un mot, rendent quelquefois douteux celui qu'ils lui laissent et celui qu'ils lui donnent.

Un auteur commence par détourner quelque peu une expression connue de son sens primitif, et, après l'avoir ainsi modifiée, il l'adapte de son mieux à son sujet. Un autre survient qui attire la signification d'un autre côté; un troisième l'entraîne avec lui dans une nouvelle route; et, comme il n'y a point d'arbitre commun, point de tribunal permanent qui puisse fixer définitivement le sens du mot, celui-ci reste dans une situation ambulatoire. Cela fait que les écrivains n'ont presque jamais l'air de s'attacher à une seule pensée, mais qu'ils semblent toujours viser au milieu d'un groupe d'idées, laissant au lecteur le soin de juger celle qui est atteinte.

Ceci est une conséquence fâcheuse de la démocratie. J'aimerais mieux qu'on hérissât la langue de mots chinois, tartares ou hurons, que de rendre incertain le sens des mots français. L'harmonie et l'homogénéité ne sont que des beautés secondaires du langage. Il y a beaucoup de conventions dans ces sortes de choses, et l'on peut à la rigueur s'en passer. Mais il n'y a pas de bonne langue sans termes clairs.

L'égalité apporte nécessairement plusieurs autres changements au langage.

Dans les siècles aristocratiques, où chaque nation tend à se tenir à l'écart de toutes les autres, et aime à avoir une physionomie qui lui soit propre, il arrive souvent que plusieurs peuples qui ont une origine commune deviennent cependant fort étrangers les uns aux autres, de telle sorte, que sans cesser de pouvoir tous s'entendre, ils ne parlent plus tous de la même manière.

Dans ces mêmes siècles chaque nation est divisée en un certain nombre de classes qui se voient peu et ne se mêlent point; chacune de ces classes prend et conserve invariablement des habitudes intellectuelles qui ne sont propres qu'à elle, et adopte de préférence certains mots et certains termes qui passent ensuite de génération en génération comme des héritages. On rencontre alors dans le même idiôme une langue de pauvres et une langue de riches, une langue de roturiers et une langue de nobles, une langue savante et une langue vulgaire. Plus les divisions sont profondes et les barrières infranchissables, plus il doit en être ainsi. Je parierais volontiers que parmi les castes de l'Inde le langage varie prodigieusement, et qu'il se trouve presque autant de différence entre la langue d'un paria et celle d'un brame qu'entre leurs habits.

Quand, au contraire, les hommes, n'étant plus tenus à leur place, se voient et se communiquent sans cesse, que les castes sont détruites et que les classes se renouvellent et se confondent, tous les mots de la langue se mêlent. Ceux qui ne peuvent pas convenir au plus grand nombre périssent; le reste forme une masse commune où chacun prend à peu près au hasard. Presque tous les différents dialectes qui divisaient les idiômes de l'Europe tendent visiblement à s'effacer; il n'y a pas de patois dans le nouveau monde, et ils disparaissent chaque jour de l'ancien.

Cette révolution dans l'état social influe aussi bien sur le style que sur la langue.

Non seulement tout le monde se sert des mêmes mots, mais on s'habitue à employer indifféremment chacun d'eux. Les règles que le style avait créées sont presque détruites. On ne rencontre guère d'expressions qui, par leur nature, semblent vulgaires, et d'autres qui paraissent distinguées. Des individus sortis de rangs divers ayant amené avec eux, partout où ils sont parvenus, les expressions et les termes dont ils avaient l'usage, l'origine des mots s'est perdue comme celle des hommes, et il s'est fait une confusion dans le langage comme dans la société.

Je sais que dans la classification des mots il se rencontre des règles qui ne tiennent pas à une forme de société plutôt qu'à une autre, mais qui dérivent de la nature même des choses. Il y a des expressions et des tours qui sont vulgaires parce que les sentiments qu'ils doivent exprimer sont réellement bas, et d'autres qui sont relevés parce que les objets qu'ils veulent peindre sont naturellement fort haut.

Les rangs, en se mêlant, ne feront jamais disparaître ces différences. Mais l'égalité ne peut manquer de détruire ce qui est purement conventionnel et arbitraire dans les formes de la pensée. Je ne sais même si la classification nécessaire, que j'indiquais plus haut, ne sera pas toujours moins respectée chez un peuple démocratique que chez un autre ; parce que, chez un pareil peuple, il ne se trouve point d'hommes que leur éducation, leurs lumières et leurs loisirs disposent d'une manière permanente à étudier les lois naturelles du langage et qui les fassent respecter en les observant eux-mêmes.

Je ne veux point abandonner ce sujet sans

peindre les langues démocratiques par un dernier trait qui les caractérisera plus peut-être que tous les autres.

J'ai montré précédemment que les peuples démocratiques avaient le goût et souvent la passion des idées générales; cela tient à des qualités et à des défauts qui leur sont propres. Cet amour des idées générales se manifeste, dans les langues démocratiques, par le continuel usage des termes génériques et des mots abstraits, et par la manière dont on les emploie. C'est là le grand mérite et la grande faiblesse de ces langues.

Les peuples démocratiques aiment passionnément les termes génériques et les mots abstraits, parce que ces expressions agrandissent la pensée et permettant de renfermer en peu d'espace beaucoup d'objets, aident le travail de l'intelligence.

Un écrivain démocratique dira volontiers d'une manière abstraite *les capacités* pour les hommes capables, et sans entrer dans le détail des choses auxquelles cette capacité s'applique. Il parlera des *actualités* pour peindre d'un seul coup les choses qui se passent en ce moment sous ses yeux, et il comprendra, sous le mot *éventualités*, tout ce qui peut arriver dans l'univers à partir du moment où il parle.

Les écrivains démocratiques font sans cesse des

mots abstraits de cette espèce, ou ils prennent dans un sens de plus en plus abstrait les mots abstraits de la langue.

Bien plus, pour rendre le discours plus rapide, ils personnifient l'objet de ces mots abstraits et le font agir comme un individu réel. Ils diront que la *force des choses veut que les capacités gouvernent.*

Je ne demande pas mieux que d'expliquer ma pensée par mon propre exemple :

J'ai souvent fait usage du mot égalité dans un sens absolu ; j'ai, de plus, personnifié l'égalité en plusieurs endroits, et c'est ainsi qu'il m'est arrivé de dire que l'égalité faisait de certaines choses, ou s'abstenait de certaines autres. On peut affirmer que les hommes du siècle de Louis XIV n'eussent point parlé de cette sorte; il ne serait jamais venu dans l'esprit d'aucun d'entre eux d'user du mot égalité sans l'appliquer à une chose particulière, et ils auraient plutôt renoncé à s'en servir que de consentir à faire de l'égalité une personne vivante.

Ces mots abstraits qui remplissent les langues démocratiques, et dont on fait usage à tout propos sans les rattacher à aucun fait particulier, agrandissent et voilent la pensée ; ils rendent l'expression plus rapide et l'idée moins nette. Mais, en fait de langage, les peuples démocratiques aiment mieux l'obscurité que le travail.

Je ne sais d'ailleurs si le vague n'a point un certain charme secret pour ceux qui parlent et qui écrivent chez ces peuples.

Les hommes qui y vivent étant souvent livrés aux efforts individuels de leur intelligence, sont presque toujours travaillés par le doute. De plus, comme leur situation change sans cesse, ils ne sont jamais tenus fermes à aucune de leurs opinions par l'immobilité même de leur fortune.

Les hommes qui habitent les pays démocratiques, ont donc souvent des pensées vacillantes; il leur faut des expressions très-larges pour les renfermer. Comme ils ne savent jamais si l'idée qu'ils expriment aujourd'hui conviendra à la situation nouvelle qu'ils auront demain, ils conçoivent naturellement le goût des termes abstraits. Un mot abstrait est comme une boîte à double fond; on y met les idées que l'on désire, et on les en retire sans que personne le voie.

Chez tous les peuples les termes génériques et abstraits forment le fond du langage; je ne prétends donc point qu'on ne rencontre ces mots que dans les langues démocratiques; je dis seulement que la tendance des hommes, dans les temps d'égalité, est d'augmenter particulièrement le nombre des mots de cette espèce; de les prendre toujours isolément dans leur acception la plus abstraite, et d'en faire usage à tous propos, lors même que le besoin du discours ne le requiert point.

CHAPITRE XVII.

De quelques sources de poésie chez les nations démocratiques.

On a donné plusieurs significations fort diverses au mot poésie. Ce serait fatiguer les lecteurs que de rechercher avec eux lequel de ces différents sens il convient le mieux de choisir ; je préfère leur dire sur-le-champ celui que j'ai choisi..

La poésie, à mes yeux, est la recherche et la peinture de l'idéal.

Celui qui, retranchant une partie de ce qui existe, ajoutant quelques traits imaginaires au tableau, combinant certaines circonstances réelles, mais dont le concours ne se rencontre pas, complette, agrandit la nature, celui-là est le poëte. Ainsi, la poésie n'aura pas pour but de représenter le vrai, mais de l'orner, et d'offrir à l'esprit une image supérieure.

Les vers me paraîtront comme le beau idéal du langage, et, dans ce sens, ils seront éminemment poétiques ; mais, à eux seuls, ils ne constitueront pas la poésie.

Je veux rechercher si parmi les actions, les sentiments et les idées des peuples démocratiques, il ne s'en rencontre pas quelques uns qui se prêtent à l'imagination de l'idéal, et qu'on doive, pour cette raison, considérer comme des sources naturelles de poésie.

Il faut d'abord reconnaître que le goût de l'idéal et le plaisir que l'on prend à en voir la peinture ne sont jamais aussi vifs et aussi répandus chez un peuple démocratique qu'au sein d'une aristocratie.

Chez les nations aristocratiques, il arrive quelquefois que le corps agit comme de lui-même, tandis que l'âme est plongée dans un repos qui lui pèse. Chez ces nations, le peuple lui-même fait souvent voir des goûts poétiques, et son esprit s'élance parfois au-delà et au-dessus de ce qui l'environne.

Mais, dans les démocraties, l'amour des jouissances matérielles, l'idée du mieux, la concurrence, le charme prochain du succès, sont comme autant d'aiguillons qui précipitent les pas de chaque homme dans la carrière qu'il a embrassée, et lui défendent de s'en écarter un seul moment. Le principal effort de l'âme va de ce côté. L'imagination n'est point éteinte; mais elle s'adonne presque exclusivement à concevoir l'utile et à représenter le réel.

L'égalité ne détourne pas seulement les hommes de la peinture de l'idéal; elle diminue le nombre des objets à peindre.

L'aristocratie, en tenant la société immobile, favorise la fermeté et la durée des religions positives, comme la stabilité des institutions politiques.

Non seulement elle maintient l'esprit humain dans la foi, mais elle le dispose à adopter une foi plutôt qu'une autre. Un peuple aristocratique sera toujours enclin à placer des puissances intermédiaires entre Dieu et l'homme.

On peut dire qu'en ceci l'aristocratie se montre très favorable à la poésie. Quand l'univers est peuplé d'êtres surnaturels qui ne tombent point sous les sens, mais que l'esprit découvre; l'imagination se sent à l'aise, et les poëtes, trouvant mille sujets divers à peindre, rencontrent des spectateurs sans nombre prêts à s'intéresser à leurs tableaux.

Dans les siècles démocratiques, il arrive, au contraire, quelquefois que les croyances s'en vont flottantes, comme les lois. Le doute ramène alors l'imagination des poëtes sur la terre, et les renferme dans le monde visible et réel.

Lors même que l'égalité n'ébranle point les religions, elle les simplifie; elle détourne l'attention des agents secondaires, pour la porter principalement sur le souverain maître.

L'aristocratie conduit naturellement l'esprit humain à la contemplation du passé, et l'y fixe. La démocratie, au contraire, donne aux hommes une sorte de dégoût instinctif pour ce qui est ancien. En cela, l'aristocratie est bien plus favorable à la poésie; car les choses grandissent d'ordinaire et se voilent à mesure qu'elles s'éloignent; et, sous ce double rapport, elles prêtent davantage à la peinture de l'idéal.

Après avoir ôté à la poésie le passé, l'égalité lui enlève en partie le présent.

Chez les peuples aristocratiques, il existe un certain nombre d'individus privilégiés, dont l'existence est pour ainsi dire en dehors et au-dessus de la condition humaine; le pouvoir, la richesse, la gloire, l'esprit, la délicatesse et la distinction en toutes choses paraissent appartenir en propre à ceux-là. La foule ne les voit jamais de fort près; ou ne les suit point dans les détails; on a peu à faire pour rendre poétique la peinture de ces hommes.

D'une autre part, il existe chez ces mêmes

peuples des classes ignorantes, humbles et asservies ; et celles-ci prêtent à la poésie, par l'excès même de leur grossièreté et de leur misère, comme les autres par leur raffinement et leur grandeur. De plus, les différentes classes dont un peuple aristocratique se compose étant fort séparées les unes des autres, et se connaissant mal entre elles, l'imagination peut toujours, en les représentant, ajouter ou ôter quelque chose au réel.

Dans les sociétés démocratiques, où les hommes sont tous très petits et fort semblables, chacun, en s'envisageant soi-même, voit à l'instant tous les autres. Les poëtes qui vivent dans les siècles démocratiques ne sauraient donc jamais prendre un homme en particulier pour sujet de leur tableau ; car un objet d'une grandeur médiocre, et qu'on aperçoit distinctement de tous les côtés, ne prêtera jamais à l'idéal.

Ainsi donc l'égalité, en s'établissant sur la terre, tarit la plupart des sources anciennes de la poésie.

Essayons de montrer comment elle en découvre de nouvelles.

Quand le doute eut dépeuplé le ciel, et que les progrès de l'égalité eurent réduit chaque homme à des proportions mieux connues et plus petites, les poètes, n'imaginant pas encore ce qu'ils pouvaient mettre à la place de ces grands objets qui fuyaient avec l'aristocratie, tournèrent les yeux vers la nature inanimée. Perdant de vue les héros et les dieux, ils entreprirent d'abord de peindre des fleuves et des montagnes.

Cela donna naissance, dans le siècle dernier, à la poésie qu'on a appelée, par excellence, descriptive.

Quelques uns ont pensé que cette peinture, embellie des choses matérielles et inanimées qui couvrent la terre, était la poésie propre aux siècles démocratiques; mais je pense que c'est une erreur. Je crois qu'elle ne représente qu'une époque de passage.

Je suis convaincu qu'à la longue la démocratie détourne l'imagination de tout ce qui est extérieur à l'homme pour ne la fixer que sur l'homme.

Les peuples démocratiques peuvent bien s'amuser un moment à considérer la nature; mais ils ne s'animent réellement qu'à la vue d'eux-mêmes. C'est de ce côté seulement que se trouvent chez ces peuples les sources naturelles de la poésie, et il est permis de croire que tous les poëtes qui ne voudront point y puiser perdront tout empire sur l'âme de ceux qu'ils prétendent charmer, et qu'ils finiront par ne plus avoir que de froids témoins de leurs transports.

J'ai fait voir comment l'idée du progrès et de la perfectibilité indéfinie de l'espèce humaine était propre aux âges démocratiques.

Les peuples démocratiques ne s'inquiètent guère de ce qui a été; mais ils rêvent volontiers à ce qui sera, et, de ce côté, leur imagination n'a point de limites; elle s'y étend et s'y agrandit sans mesure.

Ceci offre une vaste carrière aux poëtes et leur permet de reculer loin de l'œil leur tableau. La démocratie, qui ferme le passé à la poésie, lui ouvre l'avenir.

Tous les citoyens qui composent une société démocratique étant à peu près égaux et semblables, la poésie ne saurait s'attacher à aucun d'entre eux; mais la nation elle-même s'offre à son pinceau. La similitude de tous les individus, qui rend chacun d'eux séparément impropre à devenir l'objet de la poésie, permet aux poëtes de les renfermer tous dans une même image, et de considérer enfin le peuple lui-même. Les nations démocratiques aperçoivent plus clairement que toutes les autres leur propre figure, et cette grande figure prête merveilleusement à la peinture de l'idéal.

Je conviendrai aisément que les Américains n'ont point de poëtes; je ne saurais admettre de même qu'ils n'ont point d'idées poétiques.

On s'occupe beaucoup en Europe des déserts de l'Amérique; mais les Américains eux-mêmes n'y songent guère. Les merveilles de la nature inanimée les trouvent insensibles, et ils n'aperçoivent pour ainsi dire les admirables forêts qui les environnent qu'au moment où elles tombent sous leurs coups. Leur œil est rempli d'un autre spectacle. Le peuple américain se voit marcher lui-même à travers ces déserts, desséchant les marais, redressant les fleuves, peuplant la solitude et domptant la nature. Cette image magnifique d'eux-mêmes ne s'offre pas seulement de loin en loin à l'imagination des Américains; on peut dire qu'elle suit chacun d'entre eux dans les moindres de ses actions comme dans les principales, et qu'elle reste toujours suspendue devant son intelligence.

On ne saurait rien concevoir de si petit, de si terne, de si rempli de misérables intérêts, de si anti-poétique, en un mot, que la vie d'un homme aux États-Unis; mais, parmi les pensées qui la dirigent, il s'en rencontre toujours une qui est pleine de poésie, et celle-là est comme le nerf caché qui donne la vigueur à tout le reste.

Dans les siècles aristocratiques, chaque peuple comme chaque individu, est enclin à se tenir immobile et séparé de tous les autres.

Dans les siècles démocratiques, l'extrême mobilité des hommes et leurs impatients désirs font qu'ils changent sans cesse de place, et que les habitants des différents pays se mêlent, se voient, s'écoutent et s'empruntent. Ce ne sont donc pas seulement les membres d'une même nation qui deviennent semblables; les nations elles-mêmes s'assimilent, et toutes ensemble ne forment plus à l'œil du spectateur qu'une vaste démocratie dont chaque citoyen est un peuple. Cela met pour la première fois au grand jour la figure du genre humain.

Tout ce qui se rapporte à l'existence du genre humain pris en entier, à ses vicissitudes, à son avenir, devient une mine très-féconde pour la poésie.

Les poëtes qui vécurent dans les âges aristocratiques ont fait d'admirables peintures en prenant pour sujets certains incidents de la vie d'un peuple ou d'un homme; mais aucun d'entre eux n'a jamais osé renfermer dans son tableau les destinées de l'espèce humaine, tandis que les poëtes qui écrivent dans les âges démocratiques peuvent l'entreprendre.

Dans le même temps que chacun, élevant les yeux au-dessus de son pays, commence enfin à apercevoir l'humanité elle-même, Dieu se manifeste de plus en plus à l'esprit humain dans sa pleine et entière majesté.

Si dans les siècles démocratiques la foi aux religions positives est souvent chancelante, et que les croyances à des puissances intermédiaires, quelque nom qu'on leur donne, s'obscurcissent; d'autre part les hommes sont disposés à concevoir une idée beaucoup plus vaste de la Divinité elle-même, et son intervention dans les affaires humaines leur apparaît sous un jour nouveau et plus grand.

Apercevant le genre humain comme un seul tout, ils conçoivent aisément qu'un même dessein préside à ses destinées; et, dans les actions de chaque individu, ils sont portés à reconnaître la trace de ce plan général et constant suivant lequel Dieu conduit l'espèce.

Ceci peut encore être considéré comme une source très-abondante de poésie, qui s'ouvre dans ces siècles.

Les poëtes démocratiques paraîtront toujours petits et froids s'ils essaient de donner à des dieux, à des démons ou à des anges, des formes corporelles, et s'ils cherchent à les faire descendre du ciel pour se disputer la terre.

Mais s'ils veulent rattacher les grands événements qu'ils retracent aux desseins généraux de Dieu sur l'univers, et, sans montrer la main du souverain maître, faire pénétrer dans sa pensée, ils seront admirés et compris, car l'imagination de leurs contemporains suit d'elle-même cette route.

On peut également prévoir que les poëtes qui

vivent dans les âges démocratiques peindront des passions et des idées plutôt que des personnes et des actes.

Le langage, le costume et les actions journalières des hommes dans les démocraties se refusent à l'imagination de l'idéal. Ces choses ne sont pas poétiques par elles-mêmes, et elles cesseraient d'ailleurs de l'être, par cette raison qu'elles sont trop bien connues de tous ceux auxquels on entreprendrait d'en parler. Cela force les poëtes à percer sans cesse au-dessous de la surface extérieure que les sens leur découvrent, afin d'entrevoir l'âme elle-même. Or, il n'y a rien qui prête plus à la peinture de l'idéal que l'homme ainsi envisagé dans les profondeurs de sa nature immatérielle.

Je n'ai pas besoin de parcourir le ciel et la terre pour découvrir un objet merveilleux plein de contrastes, de grandeurs et de petitesses infinies, d'obscurités profondes et de singulières clartés; capable à la fois de faire naître la pitié, l'admiration, le mépris, la terreur. Je n'ai qu'à me considérer moi-même : l'homme sort du néant, traverse le temps, et va disparaître pour toujours dans le sein de Dieu. On ne le voit qu'un moment errer sur la limite des deux abîmes, où il se perd.

Si l'homme s'ignorait complètement, il ne serait point poétique; car on ne peut peindre ce dont on n'a pas l'idée. S'il se voyait clairement, son imagination resterait oisive, et n'aurait rien à ajouter au tableau. Mais l'homme est assez découvert pour qu'il aperçoive quelque chose de lui-même, et assez voilé pour que le reste s'enfonce dans des ténèbres impénétrables parmi lesquelles il plonge sans cesse, et toujours en vain, afin d'achever de se saisir.

Il ne faut donc pas s'attendre à ce que, chez les peuples démocratiques, la poésie vive de légendes, qu'elle se nourrisse de traditions et d'antiques souvenirs, qu'elle essaie de repeupler l'univers d'êtres surnaturels auxquels les lecteurs et les poëtes eux-mêmes ne croient plus, ni qu'elle personnifie froidement des vertus et des vices, qu'on veut voir sous leur propre forme. Toutes ces ressources lui manquent; mais l'homme lui reste, et c'est assez pour elle. Les destinées humaines, l'homme, pris à part de son temps et de son pays, et placé en face de la nature et de Dieu, avec ses passions, ses doutes, ses prospérités inouies et ses misères incompréhensibles, deviendront pour ces peuples l'objet principal et presque unique de la poésie ; et c'est ce dont on peut déjà s'assurer, si l'on considère ce qu'ont écrit les plus grands poëtes qui aient paru depuis que le monde achève de tourner à la démocratie.

Les écrivains qui, de nos jours, ont si admirablement reproduit les traits de Child-Harold, de René et de Jocelyn, n'ont pas prétendu raconter les actions d'un homme; ils ont voulu illuminer et agrandir certains côtés encore obscurs du cœur humain.

Ce sont là les poëmes de la démocratie.

L'égalité ne détruit donc pas tous les objets de la poésie; elle les rend moins nombreux et plus vastes.

CHAPITRE XVIII.

Pourquoi les écrivains et les orateurs américains sont souvent boursouflés.

―――•••―――

J'ai souvent remarqué que les Américains qui traitent en général les affaires dans un langage clair et sec, dépourvu de tout ornement et dont l'extrême simplicité est souvent vulgaire, donnent volontiers dans le boursouflé, dès qu'ils veulent aborder le style poétique. Ils se montrent alors pompeux sans relâche d'un bout à l'autre du discours, et l'on croirait, en les voyant prodiguer ainsi les images à tout propos, qu'ils n'ont jamais rien dit simplement.

Les Anglais tombent plus rarement dans un défaut semblable.

La cause de ceci peut être indiquée sans beaucoup de peine.

Dans les sociétés démocratiques, chaque citoyen est habituellement occupé à contempler un très-petit objet, qui est lui-même. S'il vient à lever plus haut les yeux, il n'aperçoit alors que l'image immense de la société, ou la figure plus grande encore du genre humain. Il n'a que des idées très-particulières et très-claires, ou des notions très-générales et très-vagues; l'espace intermédiaire est vide.

Quand on l'a tiré de lui-même, il s'attend donc toujours qu'on va lui offrir quelque objet prodigieux à regarder, et ce n'est qu'à ce prix qu'il consent à s'arracher un moment aux petits soins compliqués qui agitent et charment sa vie.

Ceci me paraît expliquer assez bien pourquoi les hommes des démocraties, qui ont, en général, de si minces affaires, demandent à leurs poëtes des conceptions si vastes et des peintures si démesurées.

De leur côté, les écrivains ne manquent guère d'obéir à ces instincts qu'ils partagent : ils gonflent leur imagination sans cesse, et l'étendant outre mesure, ils lui font atteindre le gigantesque pour lequel elle abandonne souvent le grand.

De cette manière, ils espèrent attirer sur-le-champ les regards de la foule, et les fixer aisément autour d'eux, et ils réussissent souvent à le faire; car la foule qui ne cherche dans la poésie que des objets très-vastes, n'a pas le temps de mesurer exactement les proportions de tous les objets qu'on lui présente, ni le goût assez sûr pour apercevoir facilement en quoi ils sont disproportionnés. L'auteur et le public se corrompent à la fois l'un par l'autre.

Nous avons vu d'ailleurs que, chez les peuples démocratiques, les sources de la poésie étaient belles, mais peu abondantes. On finit bientôt par les épuiser. Ne trouvant plus matière à l'idéal dans le réel et dans le vrai, les poëtes en sortent entièrement et créent des monstres.

Je n'ai pas peur que la poésie des peuples démocratiques se montre timide ni qu'elle se tienne très-près de terre. J'appréhende plutôt qu'elle ne se perde à chaque instant dans les nuages, et qu'elle ne finisse par peindre des contrées entièrement imaginaires. Je crains que les œuvres des poëtes démocratiques n'offrent souvent des images immenses et incohérentes, des peintures surchargées, des composés bizarres et que les êtres fantastiques sortis de leur esprit ne fassent quelquefois regretter le monde réel.

CHAPITRE XIX.

Quelques observations sur le théâtre des peuples démocratiques.

Lorsque la révolution qui a changé l'état social et politique d'un peuple aristocratique commence à se faire jour dans la littérature, c'est en général par le théâtre qu'elle se produit d'abord, et c'est là qu'elle demeure toujours visible.

Le spectateur d'une œuvre dramatique est, en quelque sorte, pris au dépourvu par l'impression qu'on lui suggère. Il n'a pas le temps d'interroger sa mémoire, ni de consulter les habiles; il ne songe point à combattre les nouveaux instincts littéraires qui commencent à se manifester en lui ; il y cède avant de les connaître.

Les auteurs ne tardent pas à découvrir de quel côté incline ainsi secrètement le goût du public. Ils tournent de ce côté-là leurs œuvres, et les pièces de théâtre, après avoir servi à faire apercevoir la révolution littéraire qui se prépare, achèvent bientôt de l'accomplir. Si vous voulez juger d'avance la littérature d'un peuple qui tourne à la démocratie, étudiez son théâtre.

Les pièces de théâtre forment d'ailleurs chez les nations aristocratiques elles-mêmes la portion la plus démocratique de la littérature. Il n'y a pas de jouissance littéraire plus à portée de la foule que celles qu'on éprouve à la vue de la scène. Il ne faut ni préparation ni étude pour les sentir. Elles vous saisissent au milieu de vos préoccupations et de votre ignorance. Lorsque l'amour encore à moitié grossier des plaisirs de l'esprit commence à pénétrer dans une classe de citoyens, il la pousse aussitôt au théâtre. Les théâtres des nations aristocratiques ont toujours été remplis de spectateurs qui n'appartenaient point à l'aristocratie. C'est au théâtre seulement que les classes supérieures se sont mêlées avec les moyennes et les inférieures, et qu'elles ont consenti sinon à recevoir l'avis de ces dernières, du moins à souffrir que celles-ci le donnassent. C'est au théâtre que les érudits et les lettrés ont toujours eu le plus de peine à faire prévaloir leur goût sur celui du peuple, et à se défendre d'être entraînés eux-mêmes par le sien. Le parterre y a souvent fait la loi aux loges.

S'il est difficile à une aristocratie de ne point laisser envahir le théâtre par le peuple, on comprendra aisément que le peuple doit y régner en maître, lorsque les principes démocratiques ayant pénétré dans les lois et dans les mœurs, les rangs se confondent, et les intelligences se rapprochent comme les fortunes, et que la classe supérieure perd, avec ses richesses héréditaires, son pouvoir, ses traditions et ses loisirs.

Les goûts et les instincts naturels aux peuples démocratiques, en fait de littérature, se manifesteront donc d'abord au théâtre, et on peut prévoir qu'ils s'y introduiront avec violence. Dans les écrits, les lois littéraires de l'aristocratie se modifieront peu à peu, d'une manière graduelle et pour ainsi dire légale. Au théâtre, elles seront renversées par des émeutes.

Le théâtre met en relief la plupart des qualités et presque tous les vices inhérents aux littératures démocratiques.

Les peuples démocratiques n'ont qu'une estime fort médiocre pour l'érudition, et ils ne se soucient guère de ce qui se passait à Rome et à

Athènes; ils entendent qu'on leur parle d'eux-mêmes, et c'est le tableau du présent qu'ils demandent.

Aussi, quand les héros et les mœurs de l'antiquité sont reproduits souvent sur la scène, et qu'on a soin d'y rester très-fidèle aux traditions antiques, cela suffit pour en conclure que les classes démocratiques ne dominent point encore au théâtre.

Racine s'excuse fort humblement dans la préface de *Britannicus* d'avoir fait entrer Junie au nombre des vestales, où, selon Aulu-Gelle, dit-il, « on ne recevait personne au-dessous de six ans, « ni au-dessus de dix. » Il est à croire qu'il n'eût pas songé à s'accuser ou à se défendre d'un pareil crime s'il avait écrit de nos jours.

Un semblable fait m'éclaire, non seulement sur l'état de la littérature dans les temps où il a lieu, mais encore sur celui de la société elle-même. Un théâtre démocratique ne prouve point que la nation est en démocratie, car comme nous venons de le voir, dans les aristocraties mêmes il peut arriver que les goûts démocratiques influent sur la scène; mais, quand l'esprit de l'aristocratie règne seul au théâtre, cela démontre invinciblement que la société tout entière est aristocratique, et l'on peut hardiment en conclure que cette même classe érudite et lettrée, qui dirige les auteurs, commande les citoyens et mène les affaires.

Il est bien rare que les goûts raffinés et les penchants hautains de l'aristocratie, quand elle régit le théâtre, ne la portent point à faire, pour ainsi dire, un choix dans la nature humaine. Certaines conditions sociales l'intéressent principalement, et elle se plaît à en retrouver la peinture sur la scène; certaines vertus, et même certains vices, lui paraissent mériter plus particulièrement d'y être reproduits; elle agrée le tableau de ceux-ci tandis qu'elle éloigne de ses yeux tous les autres. Au théâtre, comme ailleurs, elle ne veut rencontrer que de grands seigneurs, et elle ne s'émeut que pour des rois. Ainsi des styles. Une aristocratie impose volontiers, aux auteurs dramatiques, de certaines manières de dire, elle veut que tout soit dit sur ce ton.

Le théâtre arrive souvent ainsi à ne peindre qu'un des côtés de l'homme, ou même quelquefois à représenter ce qui ne se rencontre point dans la nature humaine; il s'élève au-dessus d'elle et en sort.

Dans les sociétés démocratiques les spectateurs n'ont point de pareilles préférences, et ils font rarement voir de semblables antipathies; ils aiment à retrouver sur la scène le mélange confus de conditions, de sentiments et d'idées qu'ils rencontrent sous leurs yeux; le théâtre devient plus frappant, plus vulgaire, et plus vrai.

Quelquefois cependant ceux qui écrivent pour le théâtre, dans les démocraties, sortent aussi de la nature humaine, mais c'est par un autre bout que leurs devanciers. A force de vouloir reproduire minutieusement les petites singularités du moment présent, et la physionomie particulière de certains hommes, ils oublient de retracer les traits généraux de l'espèce.

Quand les classes démocratiques règnent au théâtre, elles introduisent autant de liberté dans la manière de traiter le sujet que dans le choix même de ce sujet.

L'amour du théâtre étant, de tous les goûts littéraires, le plus naturel aux peuples démocratiques, le nombre des auteurs et celui des spectateurs s'accroît sans cesse chez ces peuples comme celui des spectacles. Une pareille multitude, composée d'éléments si divers et répandus en tant de lieux différents, ne saurait reconnaître les mêmes règles et se soumettre aux mêmes lois. Il n'y a pas d'accord possible entre des juges très-nombreux, qui ne sachant point où se retrouver, portent chacun à part leur arrêt. Si l'effet de la démocratie est en général de rendre douteuses les règles et les conventions littéraires, au théâtre elle les abolit entièrement pour n'y substituer que le caprice de chaque auteur et de chaque public.

C'est également au théâtre que se fait surtout voir ce que j'ai déjà dit ailleurs, d'une manière générale, à propos du style et de l'art dans les littératures démocratiques. Lorsqu'on lit les critiques que faisaient naître les ouvrages dramatiques du siècle de Louis XIV, on est surpris de voir la grande estime du public pour la vraisemblance et l'importance qu'il mettait à ce qu'un homme, restant toujours d'accord avec lui-même, ne fît rien qui ne pût être aisément expliqué et compris. Il est également surprenant combien on attachait alors de prix aux formes du langage et quelles petites querelles de mots on faisait aux auteurs dramatiques.

Il semble que les hommes du siècle de Louis XIV attachaient une valeur fort exagérée à ces détails qui s'aperçoivent dans le cabinet, mais qui échappent à la scène. Car, après tout, le principal objet d'une pièce de théâtre est d'être représentée et son premier mérite d'émouvoir. Cela venait de ce que les spectateurs de cette époque étaient en même temps des lecteurs. Au sortir de la représentation, ils attendaient chez eux l'écrivain, afin d'achever de le juger.

Dans les démocraties on écoute les pièces de théâtre, mais on ne les lit point. La plupart de ceux qui assistent aux jeux de la scène n'y cherchent pas les plaisirs de l'esprit, mais les émotions vives du cœur. Ils ne s'attendent point à y trouver une œuvre de littérature, mais un spectacle, et pourvu que l'auteur parle assez correctement la langue du pays pour se faire entendre, et que ses personnages excitent la curiosité et éveillent la sympathie, ils sont contents; sans rien demander de plus à la fiction, ils rentrent aussitôt dans le monde réel. Le style y est donc moins nécessaire; car, à la scène, l'observation de ses règles échappe davantage.

Quant aux vraisemblances, il est impossible d'être souvent nouveau, inattendu, rapide en leur restant fidèle. On les néglige donc et le public le pardonne. On peut compter qu'il ne s'inquiétera point des chemins par où vous l'avez conduit, si vous l'amenez enfin devant un objet qui le touche. Il ne vous reprochera jamais de l'avoir ému en dépit des règles.

Les Américains mettent au grand jour les difrents instincts que je viens de peindre, quand ils vont au théâtre. Mais il faut reconnaître qu'il n'y a encore qu'un petit nombre d'entre eux qui y aillent. Quoique les spectateurs et les spectacles se soient prodigieusement accrus depuis quarante ans aux États-Unis, la population ne se livre encore à ce genre d'amusement qu'avec une extrême retenue.

Cela tient à des causes particulières, que le lecteur connaît déjà, et qu'il suffit de lui rappeler en deux mots :

Les Puritains qui ont fondé les républiques américaines n'étaient pas seulement ennemis des plaisirs; ils professaient de plus une horreur toute spéciale pour le théâtre. Ils le considéraient comme un divertissement abominable, et, tant que leur esprit a régné sans partage, les représentations dramatiques ont été absolument inconnues parmi eux. Ces opinions des premiers pères de la colonie ont laissé des traces profondes dans l'esprit de leurs descendants.

L'extrême régularité d'habitude et la grande rigidité de mœurs qui se voient aux États-Unis, ont d'ailleurs été jusqu'à présent peu favorables au développement de l'art théâtral.

Il n'y a point de sujets de drames dans un pays qui n'a pas été témoin de grandes catastrophes politiques, et où l'amour mène toujours par un chemin direct et facile au mariage. Des gens qui emploient tous les jours de la semaine à faire fortune, et le dimanche à prier Dieu, ne prêtent point à la muse comique.

Un seul fait suffit pour montrer que le théâtre est peu populaire aux États-Unis.

Les Américains, dont les lois autorisent la liberté et même la licence de la parole en toutes choses, ont néanmoins soumis les auteurs dramatiques à une sorte de censure. Les représentations théâtrales ne peuvent avoir lieu que quand les administrateurs de la commune les permettent. Ceci montre bien que les peuples sont comme les individus. Ils se livrent sans ménagement à leurs passions principales, et ensuite ils prennent bien garde de ne point trop céder à l'entraînement des goûts qu'ils n'ont pas.

Il n'y a point de portion de la littérature qui se rattache par des liens plus étroits et plus nombreux à l'état actuel de la société que le théâtre.

Le théâtre d'une époque ne saurait jamais convenir à l'époque suivante, si, entre les deux, une importante révolution a changé les mœurs et les lois.

On étudie encore les grands écrivains d'un autre siècle. Mais on n'assiste plus à des pièces écrites pour un autre public. Les auteurs dramatiques du temps passé ne vivent que dans les livres.

Le goût traditionnel de quelques hommes, la vanité, la mode, le génie d'un acteur peuvent soutenir quelque temps ou relever un théâtre aristocratique au sein d'une démocratie; mais bientôt il tombe de lui-même. On ne le renverse point, on l'abandonne.

CHAPITRE XX.

De quelques tendances particulières aux historiens dans les siècles démocratiques.

Les historiens qui écrivent dans les siècles aristocratiques font dépendre d'ordinaire tous les événements de la volonté particulière et de l'humeur de certains hommes, et ils rattachent volontiers aux moindres accidents les révolutions les plus importantes. Ils font ressortir avec sagacité les plus petites causes, et souvent ils n'aperçoivent point les plus grandes.

Les historiens qui vivent dans les siècles démocratiques montrent des tendances toutes contraires.

La plupart d'entre eux n'attribuent presque aucune influence à l'individu sur la destinée de l'espèce, ni aux citoyens sur le sort du peuple. Mais, en retour, ils donnent de grandes causes générales à tous les petits faits particuliers. Ces tendances opposées s'expliquent.

Quand les historiens des siècles aristocratiques jettent les yeux sur le théâtre du monde, ils y aperçoivent tout d'abord un très petit nombre d'acteurs principaux qui conduisent toute la pièce. Ces grands personnages, qui se tiennent sur le devant de la scène, arrêtent leur vue et la fixent : tandis qu'ils s'appliquent à dévoiler les motifs secrets qui font agir et parler ceux-là, ils oublient le reste.

L'importance des choses qu'ils voient faire à quelques hommes leur donne une idée exagérée de l'influence que peut exercer un homme, et les dispose naturellement à croire qu'il faut toujours remonter à l'action particulière d'un individu pour expliquer les mouvements de la foule.

Lorsque, au contraire, tous les citoyens sont indépendants les uns des autres, et que chacun d'eux est faible, on n'en découvre point qui exerce un pouvoir fort grand, ni surtout fort durable, sur la masse. Au premier abord, les individus semblent absolument impuissants sur elle ; et l'on dirait que la société marche toute seule par le concours libre et spontané de tous les hommes qui la composent.

Cela porte naturellement l'esprit humain à rechercher la raison générale qui a pu frapper ainsi à la fois tant d'intelligences, et les tourner simultanément du même côté.

Je suis très convaincu que, chez les nations démocratiques elles-mêmes, le génie, les vices ou les vertus de certains individus retardent ou précipitent le cours naturel de la destinée du peuple; mais ces sortes de causes fortuites et secondaires sont infiniment plus variées, plus cachées, plus compliquées, moins puissantes, et par conséquent plus difficiles à démêler et à suivre dans des temps d'égalité que dans des siècles d'aristocratie, où il ne s'agit que d'analyser, au milieu des faits généraux, l'action particulière d'un seul homme ou de quelques uns.

L'historien se fatigue bientôt d'un pareil travail; son esprit se perd au milieu de ce labyrinthe; et, ne pouvant parvenir à apercevoir clairement, et à mettre suffisamment en lumière les influences individuelles, il les nie. Il préfère nous parler du naturel des races, de la constitution physique du pays, ou de l'esprit de la civilisation. Cela abrège son travail, et à moins de frais satisfait mieux le lecteur.

M. de Lafayette a dit quelque part, dans ses Mémoires, que le système exagéré des causes générales procurait de merveilleuses consolations aux hommes publics médiocres. J'ajoute qu'il en donne d'admirables aux historiens médiocres. Il leur fournit toujours quelques grandes raisons qui les tirent promptement d'affaire à l'endroit le plus difficile de leur livre, et favorisent la faiblesse ou la paresse de leur esprit, tout en faisant honneur à sa profondeur.

Pour moi, je pense qu'il n'y a pas d'époque où il ne faille attribuer une partie des événements de ce monde à des faits très généraux, et une autre à des influences très particulières Ces deux causes se rencontrent toujours; leur rapport seul diffère. Les faits généraux expliquent plus de choses dans les siècles démocratiques que dans les siècles aristocratiques, et les influences particulières moins. Dans les temps d'aristocratie, c'est le contraire : les influences particulières sont plus fortes, et les causes générales sont plus faibles, à moins qu'on ne considère comme une cause générale le fait même de l'inégalité des conditions, qui permet à quelques individus de contrarier les tendances naturelles de tous les autres.

Les historiens qui cherchent à peindre ce qui se passe dans les sociétés démocratiques ont donc raison de faire une large part aux causes générales, et de s'appliquer principalement à les découvrir; mais ils ont tort de nier entièrement l'action particulière des individus, parce qu'il est mal aisé de la retrouver et de la suivre.

Non seulement les historiens qui vivent dans les siècles démocratiques sont entraînés à donner à chaque fait une grande cause, mais ils sont encore portés à lier les faits entre eux et à en faire sortir un système.

Dans les siècles d'aristocratie, l'attention des historiens étant détournée à tous moments sur les individus, l'enchaînement des événements leur échappe; ou plutôt ils ne croient pas à un enchaînement semblable. La trame de l'histoire leur semble à chaque instant rompue par le passage d'un homme.

Dans les siècles démocratiques, au contraire, l'historien voyant beaucoup moins les acteurs, et beaucoup plus les actes, peut établir aisément une filiation et un ordre méthodique entre ceux-ci.

La littérature antique, qui nous a laissé de si belles histoires, n'offre point un seul grand système historique, tandis que les plus misérables littératures modernes en fourmillent. Il semble que les historiens anciens ne faisaient pas assez usage de ces théories générales dont les nôtres sont toujours près d'abuser.

Ceux qui écrivent dans les siècles démocratiques ont une autre tendance plus dangereuse.

Lorsque la trace de l'action des individus sur

les nations se perd, il arrive souvent qu'on voit le monde se remuer sans que le moteur se découvre. Comme il devient très difficile d'apercevoir et d'analyser les raisons qui, agissant séparément sur la volonté de chaque citoyen, finissent par produire le mouvement du peuple, on est tenté de croire que ce mouvement n'est pas volontaire, et que les sociétés obéissent sans le savoir à une force supérieure qui les domine.

Alors même que l'on croit découvrir sur la terre le fait général qui dirige la volonté particulière de tous les individus, cela ne sauve point la liberté humaine. Une cause assez vaste pour s'appliquer à la fois à des millions d'hommes, et assez forte pour les incliner tous ensemble du même côté, semble aisément irrésistible; après avoir vu qu'on y cédait, on est bien près de croire qu'on ne pouvait y résister.

Les historiens qui vivent dans les temps démocratiques ne refusent donc pas seulement à quelques citoyens la puissance d'agir sur la destinée du peuple, ils ôtent encore aux peuples eux-mêmes, la faculté de modifier leur propre sort, et ils les soumettent soit à une providence inflexible, soit à une sorte de fatalité aveugle. Suivant eux, chaque nation est invinciblement attachée, par sa position, son origine, ses antécédents, son naturel, à une certaine destinée que tous ses efforts ne sauraient changer. Ils rendent les générations solidaires les unes des autres, et remontant ainsi, d'âge en âge et d'événements nécessaires en événements nécessaires, jusqu'à l'origine du monde, ils font une chaîne serrée et immense qui enveloppe tout le genre humain et le lie.

Il ne leur suffit pas de montrer comment les faits sont arrivés; ils se plaisent encore à faire voir qu'ils ne pouvaient arriver autrement. Ils considèrent une nation parvenue à un certain endroit de son histoire, et ils affirment qu'elle a été contrainte de suivre le chemin qui l'a conduite là. Cela est plus aisé que d'enseigner comment elle aurait pu faire pour prendre une meilleure route.

Il semble, en lisant les historiens des âges aristocratiques, et particulièrement ceux de l'antiquité, que, pour devenir maître de son sort et pour gouverner ses semblables, l'homme n'a qu'à savoir se dompter lui-même. On dirait, en parcourant les histoires écrites de notre temps, que l'homme ne peut rien, ni sur lui, ni autour de lui. Les historiens de l'antiquité enseignaient à commander, ceux de nos jours n'apprennent guère qu'à obéir. Dans leurs écrits l'auteur paraît souvent grand, mais l'humanité est toujours petite.

Si cette doctrine de la fatalité, qui a tant d'attraits pour ceux qui écrivent l'histoire dans les siècles démocratiques, passant des écrivains à leurs lecteurs, pénétrait ainsi la masse entière des citoyens et s'emparait de l'esprit public, on peut prévoir qu'elle paralyserait bientôt le mouvement des sociétés nouvelles, et réduirait les chrétiens en Turcs.

Je dirai de plus qu'une pareille doctrine est particulièrement dangereuse à l'époque où nous sommes; nos contemporains ne sont que trop enclins à douter du libre arbitre, parce que chacun d'eux se sent borné de tous côtés par sa faiblesse, mais ils accordent encore volontiers de la force et de l'indépendance aux hommes réunis en corps social. Il faut se garder d'obscurcir cette idée, car il s'agit de relever les âmes et non d'achever de les abattre.

CHAPITRE XXI.

De l'éloquence parlementaire aux États-Unis.

Chez les peuples aristocratiques, tous les hommes se tiennent et dépendent les uns des autres ; il existe entre tous un lien hiérarchique à l'aide duquel on peut maintenir chacun à sa place et le corps entier dans l'obéissance. Quelque chose d'analogue se retrouve toujours au sein des assemblées politiques de ces peuples. Les partis s'y rangent naturellement sous de certains chefs auxquels ils obéissent, par une sorte d'instinct qui n'est que le résultat d'habitudes contractées ailleurs. Ils transportent dans la petite société les mœurs de la plus grande.

Dans les pays démocratiques, il arrive souvent qu'un grand nombre de citoyens se dirigent vers un même point; mais chacun n'y marche, ou se flatte du moins de n'y marcher que de lui-même. Habitué à ne régler ses mouvements que suivant ses impulsions personnelles, il se plie mal aisément à recevoir du dehors sa règle. Ce goût et cet usage de l'indépendance le suivent dans les conseils nationaux. S'il consent à s'y associer à d'autres pour la poursuite du même dessein, il veut du moins rester maître de coopérer au succès commun à sa manière.

De là vient que dans les contrées démocratiques, les partis souffrent si impatiemment qu'on les dirige, et ne se montrent subordonnés que quand le péril est très-grand. Encore, l'autorité des chefs, qui dans ces circonstances peut aller jusqu'à faire agir et parler, ne s'étend-elle presque jamais jusqu'au pouvoir de faire taire.

Chez les peuples aristocratiques, les membres des assemblées politiques sont en même temps les membres de l'aristocratie. Chacun d'eux possède par lui-même un rang élevé et stable, et la place qu'il occupe dans l'assemblée est souvent moins importante à ses yeux que celle qu'il remplit dans le pays. Cela le console de n'y point jouer un rôle dans la discussion des affaires, et le dispose à n'en pas rechercher avec trop d'ardeur un médiocre.

En Amérique, il arrive d'ordinaire que le député n'est quelque chose que par sa position dans l'assemblée. Il est donc sans cesse tourmenté du besoin d'y acquérir de l'importance, et il sent un désir pétulant d'y mettre à tous moments ses idées au grand jour.

Il n'est pas seulement poussé de ce côté par sa vanité, mais par celle de ses électeurs et par la nécessité continuelle de leur plaire.

Chez les peuples aristocratiques, le membre de la législature est rarement dans une dépendance étroite des électeurs; souvent il est pour eux un représentant en quelque façon nécessaire; quelquefois il les tient eux-mêmes dans une étroite dépendance, et, s'ils viennent enfin à lui refuser leur suffrage, il se fait aisément nommer ailleurs, ou, renonçant à la carrière publique, il se renferme dans une oisiveté qui a encore de la splendeur.

Dans un pays démocratique, comme les États-Unis, le député n'a presque jamais de prise durable sur l'esprit de ses électeurs. Quelque petit que soit un corps électoral, l'instabilité démocratique fait qu'il change sans cesse de face. Il faut donc le captiver tous les jours.

Il n'est jamais sûr d'eux; et, s'ils l'abandonnent,

il est aussitôt sans ressource; car il n'a pas naturellement une position assez élevée pour être facilement aperçu de ceux qui ne sont pas proches; et, dans l'indépendance complète où vivent les citoyens, il ne peut espérer que ses amis ou le gouvernement l'imposeront aisément à un corps électoral qui ne le connaîtra pas. C'est donc dans le canton qu'il représente que sont déposés tous les germes de sa fortune; c'est de ce coin de terre qu'il lui faut sortir pour s'élever à commander le peuple et à influer sur les destinées du monde.

Ainsi, il est naturel que, dans les pays démocratiques, les membres des assemblées politiques songent à leurs électeurs plus qu'à leur parti, tandis que, dans les aristocraties, ils s'occupent plus de leur parti que de leurs électeurs.

Or, ce qu'il faut dire pour plaire aux électeurs n'est pas toujours ce qu'il conviendrait de faire pour bien servir l'opinion politique qu'ils professent.

L'intérêt général d'un parti est souvent que le député qui en est membre ne parle jamais des grandes affaires qu'il entend mal; qu'il parle peu des petites dont la marche des grandes serait embarrassée, et le plus souvent enfin qu'il se taise entièrement. Garder le silence est le plus utile service qu'un médiocre discoureur puisse rendre à la chose publique.

Mais ce n'est point ainsi que les électeurs l'entendent.

La population d'un canton charge un citoyen de prendre part au gouvernement de l'État, parce qu'elle a conçu une très-vaste idée de son mérite. Comme les hommes paraissent plus grands en proportion qu'ils se trouvent entourés d'objets plus petits, il est à croire que l'opinion qu'on se fera du mandataire sera d'autant plus haute que les talents seront plus rares parmi ceux qu'il représente. Il arrivera donc souvent que les électeurs espéreront d'autant plus de leur député qu'ils auront moins à en attendre ; et, quelque incapable qu'il puisse être, ils ne sauraient manquer d'exiger de lui des efforts signalés qui répondent au rang qu'ils lui donnent.

Indépendamment du législateur de l'État, les électeurs voient encore en leur représentant le protecteur naturel du canton près de la législature ; ils ne sont pas même éloignés de le considérer comme le fondé de pouvoirs de chacun de ceux qui l'ont élu, et ils se flattent qu'il ne déploiera pas moins d'ardeur à faire valoir leurs intérêts particuliers que ceux du pays.

Ainsi, les électeurs se tiennent d'avance pour assurés que le député qu'ils choisiront sera un orateur ; qu'il parlera souvent s'il le peut, et que, au cas où il lui faudrait se restreindre, il s'efforcera du moins de renfermer dans ses rares discours l'examen de toutes les grandes affaires de l'État, joint à l'exposé de tous les petits griefs dont ils ont eux-mêmes à se plaindre ; de telle façon que, ne pouvant se montrer souvent, il fasse voir à chaque occasion ce qu'il sait faire, et que, au lieu de se répandre incessamment, il se resserre de temps à autre tout entier sous un petit volume, fournissant ainsi une sorte de résumé brillant et complet de ses commettants et de lui-même. A ce prix, ils promettent leurs prochains suffrages.

Ceci pousse au désespoir d'honnêtes médiocrités qui, se connaissant, ne se seraient pas produites d'elles-mêmes. Le député, ainsi excité, prend la parole au grand chagrin de ses amis, et, se jetant imprudemment au milieu des plus célèbres orateurs, il embrouille le débat et fatigue l'assemblée.

Toutes les lois qui tendent à rendre l'élu plus dépendant de l'électeur, ne modifient donc pas seulement la conduite des législateurs, ainsi que je l'ai fait remarquer ailleurs, mais aussi leur langage. Elles influent tout à la fois sur les affaires et sur la manière d'en parler.

Il n'est pour ainsi dire pas de membre du congrès qui consente à rentrer dans ses foyers sans s'y être fait précéder au moins par un discours, ni qui souffre d'être interrompu avant d'avoir pu renfermer dans les limites de sa harangue tout ce qu'on peut dire d'utile aux vingt-quatre États dont l'union se compose, et spécialement au district qu'il représente. Il fait donc passer successivement devant l'esprit de ses auditeurs de grandes vérités générales qu'il n'aperçoit souvent lui-même, et qu'il n'indique que confusément, et de petites particularités fort ténues qu'il n'a que trop de facilité à découvrir et à exposer. Aussi arrive-t-il très-souvent que dans le sein de ce grand corps, la discussion devient vague et embarrassée, et qu'elle semble se traîner vers le but qu'on se propose plutôt qu'y marcher.

Quelque chose d'analogue se fera toujours voir, je pense, dans les assemblées publiques des démocraties.

D'heureuses circonstances et de bonnes lois pourraient parvenir à attirer dans la législature d'un peuple démocratique des hommes beaucoup plus remarquables que ceux qui sont envoyés par les Américains au congrès; mais on n'empêchera jamais les hommes médiocres qui s'y trouvent de s'y exposer complaisamment, et de tous les côtés au grand jour.

Le mal ne me paraît pas entièrement guérissable, parce qu'il ne tient pas seulement au règlement de l'assemblée, mais à sa constitution et à celle même du pays.

Les habitants des États-Unis semblent considérer eux-mêmes la chose sous ce point de vue, et ils témoignent leur long usage de la vie parlementaire, non point en s'abstenant de mauvais discours, mais en se soumettant avec courage à les entendre. Ils s'y résignent comme au mal que l'expérience leur a fait reconnaître inévitable.

Nous avons montré le petit côté des discussions politiques dans les démocraties ; faisons voir le grand.

Ce qui s'est passé depuis cent cinquante ans dans le parlement d'Angleterre n'a jamais eu un grand retentissement au dehors; les idées et les sentiments exprimés par les orateurs ont toujours trouvé peu de sympathie chez les peuples même qui se trouvaient placés le plus près du grand théâtre de la liberté britannique. Tandis que, dès les premiers débats qui ont eu lieu dans les petites assemblées coloniales d'Amérique à l'époque de la révolution, l'Europe fut émue.

Cela n'a pas tenu seulement à des circonstances particulières et fortuites, mais à des causes générales et durables.

Je ne vois rien de plus admirable ni de plus puissant qu'un grand orateur discutant de grandes affaires, dans le sein d'une assemblée démocratique. Comme il n'y a jamais de classe qui y ait ses représentants chargés de soutenir ses intérêts, c'est toujours à la nation tout entière, et au nom de la nation tout entière qu'on parle. Cela agrandit la pensée et relève le langage.

Comme les précédents y ont peu d'empire; qu'il n'y a plus de priviléges attachés à certains biens, ni de droits inhérents à certains corps ou à certains hommes, l'esprit est obligé de remonter jusqu'à des vérités générales puisées dans la nature humaine pour traiter l'affaire particulière qui l'occupe. De là naît dans les discussions politiques d'un peuple démocratique, quelque petit qu'il soit, un caractère de généralité qui les rend souvent attachantes pour le genre humain. Tous les hommes s'y intéressent parce qu'il s'agit de l'homme qui est partout le même.

Chez les plus grands peuples aristocratiques, au contraire, les questions les plus générales sont presque toujours traitées par quelques raisons particulières tirées des usages d'une époque ou des droits d'une classe; ce qui n'intéresse que la classe dont il est question, ou tout au plus le peuple dans le sein duquel cette classe se trouve.

C'est à cette cause autant qu'à la grandeur de la nation française, et aux dispositions favorables des peuples qui l'écoutent, qu'il faut attribuer le grand effet que nos discussions politiques produisent quelquefois dans le monde.

Nos orateurs parlent souvent à tous les hommes, alors même qu'ils ne s'adressent qu'à leurs concitoyens.

DEUXIÈME PARTIE.

INFLUENCE DE LA DÉMOCRATIE SUR LES SENTIMENTS DES AMÉRICAINS.

CHAPITRE I.

Pourquoi les peuples démocratiques montrent un amour plus ardent et plus durable pour l'égalité que pour la liberté.

La première et la plus vive des passions que l'égalité des conditions fait naître, je n'ai pas besoin de le dire, c'est l'amour de cette même égalité. On ne s'étonnera donc pas que j'en parle avant toutes les autres.

Chacun a remarqué que de notre temps, et spécialement en France, cette passion de l'égalité prenait chaque jour une place plus grande dans le cœur humain. On a dit cent fois que nos contemporains avaient un amour bien plus ardent et bien plus tenace pour l'égalité que pour la liberté; mais je ne trouve point qu'on soit encore suffisamment remonté jusqu'aux causes de ce fait. Je vais l'essayer.

On peut imaginer un point extrême où la liberté et l'égalité se touchent et se confondent.

Je suppose que tous les citoyens concourent au gouvernement et que chacun ait un droit égal d'y concourir.

Nul ne différant alors de ses semblables, personne ne pourra exercer un pouvoir tyrannique; les hommes seront parfaitement libres, parce qu'ils seront tous entièrement égaux; et ils seront tous parfaitement égaux parce qu'ils seront entièrement libres. C'est vers cet idéal que tendent les peuples démocratiques.

Voilà la forme la plus complète que puisse prendre l'égalité sur la terre ; mais il en est mille autres, qui, sans être aussi parfaites, n'en sont guère moins chères à ces peuples.

L'égalité peut s'établir dans la société civile, et ne point régner dans le monde politique. On peut avoir le droit de se livrer aux mêmes plaisirs, d'entrer dans les mêmes professions, de se rencontrer dans les mêmes lieux; en un mot, de vivre de la même manière et de poursuivre la richesse par les mêmes moyens, sans prendre tous la même part au gouvernement.

Une sorte d'égalité peut même s'établir dans le monde politique, quoique la liberté politique n'y soit point. On est l'égal de tous ses semblables, moins un, qui est, sans distinction, le maître de tous, et qui prend également, parmi tous, les agents de son pouvoir.

Il serait facile de faire plusieurs autres hypothèses suivant lesquelles une fort grande égalité pourrait aisément se combiner avec des institutions plus ou moins libres, ou même avec des institutions qui ne le seraient point du tout.

Quoique les hommes ne puissent devenir absolument égaux sans être entièrement libres, et que par conséquent l'égalité, dans son degré le plus extrême, se confonde avec la liberté, on est donc fondé à distinguer l'une de l'autre.

Le goût que les hommes ont pour la liberté, et celui qu'ils ressentent pour l'égalité, sont, en effet, deux choses distinctes, et je ne crains pas d'ajouter que, chez les peuples démocratiques, ce sont deux choses inégales.

Si l'on veut y faire attention, on verra qu'il se rencontre dans chaque siècle un fait singulier et dominant auquel les autres se rattachent; ce fait donne presque toujours naissance à une pensée mère, ou à une passion principale qui finit ensuite par attirer à elle et par entraîner dans son cours tous les sentiments et toutes les idées. C'est comme le grand fleuve vers lequel chacun des ruisseaux environnants semble courir.

La liberté s'est manifestée aux hommes dans différents temps et sous différentes formes; elle ne s'est point attachée exclusivement à un état social, et on la rencontre autre part que dans les démocraties. Elle ne saurait donc former le caractère distinctif des siècles démocratiques.

Le fait particulier et dominant qui singularise ces siècles, c'est l'égalité des conditions; la passion principale qui agite les hommes dans ces temps-là, c'est l'amour de cette égalité.

Ne demandez point quel charme singulier trouvent les hommes des âges démocratiques à vivre égaux, ni les raisons particulières qu'ils peuvent avoir de s'attacher si obstinément à l'égalité plutôt qu'aux autres biens que la société leur présente : l'égalité forme le caractère distinctif de l'époque où ils vivent; cela seul suffit pour expliquer qu'ils la préfèrent à tout le reste.

Mais, indépendamment de cette raison, il en est plusieurs autres qui, dans tous les temps, porteront habituellement les hommes à préférer l'égalité à la liberté.

Si un peuple pouvait jamais parvenir à détruire ou seulement à diminuer lui-même dans son sein l'égalité qui y règne, il n'y arriverait que par de longs et pénibles efforts. Il faudrait qu'il modifiât son état social, abolît ses lois, renouvelât ses idées, changeât ses habitudes, altérât ses mœurs. Mais, pour perdre la liberté politique, il suffit de ne pas la retenir, et elle s'échappe.

Les hommes ne tiennent donc pas seulement à l'égalité parce qu'elle leur est chère; ils s'y attachent encore parce qu'ils croient qu'elle doit durer toujours.

Que la liberté politique puisse, dans ses excès, compromettre la tranquillité, le patrimoine, la vie des particuliers, on ne rencontre point d'hommes si bornés et si légers qui ne le découvrent. Il n'y a au contraire, que les gens attentifs et clairvoyants qui aperçoivent les périls dont l'égalité nous menace, et d'ordinaire ils évitent de les signaler. Ils savent que les misères qu'ils redoutent sont éloignées, et ils se flattent qu'elles n'atteindront que les générations à venir, dont la génération présente ne s'inquiète guère. Les maux que la liberté amène quelquefois sont immédiats; ils sont visibles pour tous, et tous, plus ou moins, les ressentent. Les maux que l'extrême égalité peut produire ne se manifestent que peu à peu; ils s'insinuent graduellement dans le corps social; on ne les voit que de loin en loin, et au moment où ils deviennent les plus violents, l'habitude a déjà fait qu'on ne les sent plus.

Les biens que la liberté procure ne se montrent qu'à la longue; et il est toujours facile de méconnaître la cause qui les fait naître.

Les avantages de l'égalité se font sentir dès à présent, et chaque jour on les voit découler de leur source.

La liberté politique donne de temps en temps, à un certain nombre de citoyens, de sublimes plaisirs.

L'égalité fournit chaque jour une multitude de petites jouissances à chaque homme. Les charmes de l'égalité se sentent à tous moments, et ils sont à la portée de tous; les plus nobles cœurs n'y sont pas insensibles, et les âmes les plus vulgaires en font leurs délices. La passion que l'égalité fait naître doit donc être tout à la fois énergique et générale.

Les hommes ne sauraient jouir de la liberté politique sans l'acheter par quelques sacrifices, et ils ne s'en emparent jamais qu'avec beaucoup d'efforts. Mais les plaisirs que l'égalité procure s'offrent d'eux-mêmes. Chacun des petits incidents de la vie privée semblent les faire naître, et pour les goûter il ne faut que vivre.

Les peuples démocratiques aiment l'égalité dans

tous les temps, mais il est de certaines époques où ils poussent jusqu'au délire la passion qu'ils ressentent pour elle. Ceci arrive au moment où l'ancienne hiérarchie sociale, longtemps menacée, achève de se détruire, après une dernière lutte intestine, et que les barrières qui séparaient les citoyens sont enfin renversées. Les hommes se précipitent alors sur l'égalité comme sur une conquête, et ils s'y attachent comme à un bien précieux qu'on veut leur ravir. La passion d'égalité pénètre de toutes parts dans le cœur humain, elle s'y étend, elle le remplit tout entier. Ne dites point aux hommes qu'en se livrant ainsi aveuglément à une passion exclusive, ils compromettent leurs intérêts les plus chers ; ils sont sourds. Ne leur montrez pas la liberté qui s'échappe de leurs mains, tandis qu'ils regardent ailleurs ; ils sont aveugles, ou plutôt ils n'aperçoivent dans tout l'univers qu'un seul bien digne d'envie.

Ce qui précède s'applique à toutes les nations démocratiques. Ce qui suit ne regarde que nous-mêmes.

Chez la plupart des nations modernes, et en particulier chez tous les peuples du continent de l'Europe, le goût et l'idée de la liberté n'ont commencé à naître et à se développer qu'au moment où les conditions commençaient à s'égaliser, et comme conséquence de cette égalité même. Ce sont les rois absolus, qui ont le plus travaillé à niveler les rangs parmi leurs sujets. Chez ces peuples, l'égalité a précédé la liberté; l'égalité était donc un fait ancien, lorsque la liberté était encore une chose nouvelle; l'une avait déjà créé des opinions, des usages, des lois qui lui étaient propres, lorsque l'autre se produisait seule, et pour la première fois, au grand jour. Ainsi, la seconde n'était encore que dans les idées et dans les goûts, tandis que la première avait déjà pénétré dans les habitudes, s'était emparée des mœurs, et avait donné un tour particulier aux moindres actions de la vie. Comment s'étonner si les hommes de nos jours préfèrent l'une à l'autre?

Je pense que les peuples démocratiques ont un goût naturel pour la liberté; livrés à eux-mêmes, ils la cherchent, ils l'aiment, et ils ne voient qu'avec douleur qu'on les en écarte. Mais ils ont pour l'égalité une passion ardente, insatiable, éternelle, invincible; ils veulent l'égalité dans la liberté, et, s'ils ne peuvent l'obtenir, ils la veulent encore dans l'esclavage. Ils souffriront la pauvreté, l'asservissement, la barbarie, mais ils ne souffriront pas l'aristocratie.

Ceci est vrai dans tous les temps, et surtout dans le nôtre. Tous les hommes et tous les pouvoirs qui voudront lutter contre cette puissance irrésistible, seront renversés et détruits par elle. De nos jours, la liberté ne peut s'établir sans son appui, et le despotisme lui-même ne saurait régner sans elle.

CHAPITRE II.

De l'individualisme dans les pays démocratiques.

J'ai fait voir comment, dans les siècles d'égalité, chaque homme cherchait en lui-même ses croyances ; je veux montrer comment, dans les mêmes siècles, il tourne tous ses sentiments vers lui seul.

L'individualisme est une expression récente qu'une idée nouvelle a fait naître. Nos pères ne connaissaient que l'égoïsme.

L'égoïsme est un amour passionné et exagéré de soi-même, qui porte l'homme à ne rien rapporter qu'à lui seul et à se préférer à tout.

L'individualisme est un sentiment réfléchi et paisible qui dispose chaque citoyen à s'isoler de la masse de ses semblables, et à se retirer à l'écart avec sa famille et ses amis ; de telle sorte que, après s'être ainsi créé une petite société à son usage, il abandonne volontiers la grande société à elle-même.

L'égoïsme naît d'un instinct aveugle ; l'individualisme procède d'un jugement erroné plutôt que d'un sentiment dépravé. Il prend sa source dans les défauts de l'esprit autant que dans les vices du cœur.

L'égoïsme dessèche le germe de toutes les vertus ; l'individualisme ne tarit d'abord que la source des vertus publiques ; mais, à la longue, il attaque et détruit toutes les autres, et va enfin s'absorber dans l'égoïsme.

L'égoïsme est un vice aussi ancien que le monde. Il n'appartient guère plus à une forme de société qu'à une autre.

L'individualisme est d'origine démocratique, et il menace de se développer à mesure que les conditions s'égalisent.

Chez les peuples aristocratiques, les familles restent pendant des siècles dans le même état, et souvent dans le même lieu. Cela rend, pour ainsi dire, toutes les générations contemporaines. Un homme connaît presque toujours ses aïeux et les respecte; il croit déjà apercevoir ses arrière-petits-fils, et il les aime. Il se fait volontiers des devoirs envers les uns et les autres, et il lui arrive fréquemment de sacrifier ses jouissances personnelles à ces êtres qui ne sont plus ou qui ne sont pas encore.

Les institutions aristocratiques ont, de plus, pour effet de lier étroitement chaque homme à plusieurs de ses concitoyens.

Les classes étant fort distinctes et immobiles dans le sein d'un peuple aristocratique, chacune d'elles devient pour celui qui en fait partie une sorte de petite patrie, plus visible et plus chère que la grande.

Comme, dans les sociétés aristocratiques, tous les citoyens sont placés à poste fixe, les uns au-dessus des autres, il en résulte encore que chacun d'entre eux aperçoit toujours plus haut que lui un homme dont la protection lui est nécessaire, et plus bas il en découvre un autre dont il peut réclamer le concours.

Les hommes qui vivent dans les siècles aristocratiques sont donc presque toujours liés d'une manière étroite à quelque chose qui est placé en dehors d'eux, et ils sont souvent disposés à s'oublier eux-mêmes. Il est vrai que, dans ces mêmes siècles, la notion générale du *semblable* est obscure, et qu'on ne songe guère à s'y dévouer pour la cause de l'humanité; mais on se sacrifie souvent à certains hommes.

Dans les siècles démocratiques, au contraire, où les devoirs de chaque individu envers l'espèce sont bien plus clairs, le dévouement envers un homme devient plus rare : le lien des affections humaines s'étend et se desserre.

Chez les peuples démocratiques, de nouvelles familles sortent sans cesse du néant, d'autres y retombent sans cesse, et toutes celles qui demeurent changent de face; la trame des temps se rompt à tout moment, et le vestige des générations s'efface. On oublie aisément ceux qui vous ont précédé, et l'on n'a aucune idée de ceux qui vous suivront. Les plus proches seuls intéressent.

Chaque classe venant à se rapprocher des autres et à s'y mêler, ses membres deviennent indifférents et comme étrangers entre eux.

L'aristocratie avait fait de tous les citoyens une longue chaîne qui remontait du paysan au roi : la démocratie brise la chaîne et met chaque anneau à part.

A mesure que les conditions s'égalisent, il se rencontre un plus grand nombre d'individus qui, n'étant plus assez riches ni assez puissants pour exercer une grande influence sur le sort de leurs semblables, ont acquis cependant ou ont conservé assez de lumières et de biens pour pouvoir se suffire à eux-mêmes. Ceux-là ne doivent rien à personne, ils n'attendent pour ainsi dire rien de personne; ils s'habituent à se considérer toujours isolément, et ils se figurent volontiers que leur destinée tout entière est entre leurs mains.

Ainsi, non seulement la démocratie fait oublier à chaque homme ses aïeux, mais elle lui cache ses descendants et le sépare de ses contemporains; elle le ramène sans cesse vers lui seul, et menace de le renfermer enfin tout entier dans la solitude de son propre cœur.

CHAPITRE III.

Comment l'individualisme est plus grand au sortir d'une révolution démocratique qu'à une autre époque.

C'est surtout au moment où une société démocratique achève de se former sur les débris d'une aristocratie, que cet isolement des hommes les uns des autres, et l'égoïsme qui est en la suite, frappent le plus aisément les regards.

Ces sociétés ne renferment pas seulement un grand nombre de citoyens indépendants, elles sont journellement remplies d'hommes qui, arrivés d'hier à l'indépendance, sont enivrés de leur nouveau pouvoir : ceux-ci conçoivent une présomptueuse confiance dans leurs forces, et n'imaginant pas qu'ils puissent désormais avoir besoin de réclamer le secours de leurs semblables, ils ne font pas difficulté de montrer qu'ils ne songent qu'à eux-mêmes.

Une aristocratie ne succombe d'ordinaire qu'après une lutte prolongée, durant laquelle il s'est allumé entre les différentes classes des haines implacables. Ces passions survivent à la victoire; et l'on peut en suivre la trace au milieu de la confusion démocratique qui lui succède.

Ceux d'entre les citoyens qui étaient les premiers dans la hiérarchie détruite ne peuvent oublier aussitôt leur ancienne grandeur; longtemps ils se considèrent comme des étrangers au sein de la société nouvelle. Ils voient dans tous les égaux que cette société leur donne des oppresseurs, dont la destinée ne saurait exciter la sympathie; ils ont perdu de vue leurs anciens égaux, et ne se sentent plus liés par un intérêt commun à leur sort; chacun, se retirant à part, se croit donc réduit à ne s'occuper que de lui-même. Ceux, au contraire, qui jadis étaient placés au bas de l'échelle sociale, et qu'une révolution soudaine a rapprochés du commun niveau, ne jouissent qu'avec une sorte d'inquiétude secrète de l'indépendance nouvellement acquise; s'ils retrouvent à leurs côtés quelques uns de leurs anciens supérieurs, ils jettent sur eux des regards de triomphe et de crainte, et s'en écartent.

C'est donc ordinairement à l'origine des sociétés démocratiques que les citoyens se montrent le plus disposés à s'isoler.

La démocratie porte les hommes à ne pas se rapprocher de leurs semblables; mais les révolutions démocratiques les disposent à se fuir, et perpétuent au sein de l'égalité les haines que l'inégalité a fait naître

Le grand avantage des Américains est d'être arrivés à la démocratie sans avoir à souffrir de révolutions démocratiques, et d'être nés égaux au lieu de le devenir.

CHAPITRE IV.

Comment les Américains combattent l'individualisme par des institutions libres.

Le despotisme, qui, de sa nature, est craintif, voit dans l'isolement des hommes le gage le plus certain de sa propre durée, et il met d'ordinaire tous ses soins à les isoler. Il n'est pas de vice du cœur humain qui lui agrée autant que l'égoïsme : un despote pardonne aisément aux gouvernés de ne point l'aimer, pourvu qu'ils ne s'aiment pas entre eux. Il ne leur demande pas de l'aider à conduire l'État; c'est assez qu'ils ne prétendent point à le diriger eux-mêmes. Il appelle esprits turbulents et inquiets ceux qui prétendent unir leurs efforts pour créer la prospérité commune, et changeant le sens naturel des mots, il nomme bons citoyens ceux qui se renferment étroitement en eux-mêmes.

Ainsi, les vices que le despotisme fait naître sont précisément ceux que l'égalité favorise. Ces deux choses se complètent et s'entr'aident d'une manière funeste.

L'égalité place les hommes à côté les uns des autres, sans lien commun qui les retienne. Le despotisme élève des barrières entre eux et les sépare. Elle les dispose à ne point songer à leurs semblables, et il leur fait une sorte de vertu publique de l'indifférence.

Le despotisme, qui est dangereux dans tous les temps, est donc particulièrement à craindre dans les siècles démocratiques.

Il est facile de voir que dans ces mêmes siècles les hommes ont un besoin particulier de la liberté.

Lorsque les citoyens sont forcés de s'occuper des affaires publiques, ils sont tirés nécessairement du milieu de leurs intérêts individuels et arrachés, de temps à autre, à la vue d'eux-mêmes.

Du moment où l'on traite en commun les affaires communes, chaque homme aperçoit qu'il n'est pas aussi indépendant de ses semblables qu'il se le figurait d'abord, et que, pour obtenir leur appui, il faut souvent leur prêter son concours.

Quand le public gouverne, il n'y a pas d'homme qui ne sente le prix de la bienveillance publique et qui ne cherche à la captiver en s'attirant l'estime et l'affection de ceux au milieu desquels il doit vivre.

Plusieurs des passions qui glacent les cœurs et les divisent sont alors obligées de se retirer au fond de l'âme et de s'y cacher. L'orgueil se dissimule; le mépris n'ose se faire jour. L'égoïsme a peur de lui-même.

Sous un gouvernement libre, la plupart des fonctions publiques étant électives, les hommes que la hauteur de leur âme ou l'inquiétude de leurs désirs mettent à l'étroit dans la vie privée, sentent chaque jour qu'ils ne peuvent se passer de la population qui les environne.

Il arrive alors que l'on songe à ses semblables par ambition, et que souvent on trouve en quelque sorte son intérêt à s'oublier soi-même. Je sais qu'on peut m'opposer ici toutes les intrigues qu'une élection fait naître; les moyens honteux dont les candidats se servent souvent et les calomnies que leurs ennemis répandent. Ce sont là des occasions de haine, et elles se représentent d'autant plus souvent que les élections deviennent plus fréquentes.

Ces maux sont grands sans doute, mais ils sont

passagers, tandis que les biens qui naissent avec eux demeurent.

L'envie d'être élu peut porter momentanément certains hommes à se faire la guerre; mais ce même désir porte à la longue tous les hommes à se prêter un mutuel appui; et, s'il arrive qu'une élection divise accidentellement deux amis, le système électoral rapproche d'une manière permanente une multitude de citoyens qui seraient toujours restés étrangers les uns aux autres. La liberté crée des haines particulières; mais le despotisme fait naître l'indifférence générale.

Les Américans ont combattu par la liberté l'individualisme que l'égalité faisait naître, et ils l'ont vaincu.

Les législateurs de l'Amérique n'ont pas cru que, pour guérir une maladie si naturelle au corps social dans les temps démocratiques et si funeste, il suffisait d'accorder à la nation tout entière une représentation d'elle-même; ils ont pensé que de plus il convenait de donner une vie politique à chaque portion du territoire, afin de multiplier à l'infini, pour les citoyens, les occasions d'agir ensemble, et de leur faire sentir tous les jours qu'ils dépendent les uns des autres.

C'était se conduire avec sagesse.

Les affaires générales d'un pays n'occupent que les principaux citoyens. Ceux-là ne se rassemblent que de loin en loin dans les mêmes lieux; et comme il arrive souvent qu'ensuite ils se perdent de vue, il ne s'établit pas entre eux de liens durables. Mais quand il s'agit de faire régler les affaires particulières d'un canton par les hommes qui l'habitent, les mêmes individus sont toujours en contact, et ils sont en quelque sorte forcés de se connaître et de se complaire.

On tire difficilement un homme de lui-même pour l'intéresser à la destinée de tout l'État, parce qu'il comprend mal l'influence que la destinée de l'État peut exercer sur son sort. Mais faut-il faire passer un chemin au bout de son domaine, il verra d'un premier coup d'œil qu'il se rencontre un rapport entre cette petite affaire publique et ses plus grandes affaires privées, et il découvrira, sans qu'on le lui montre, le lien étroit qui unit ici l'intérêt particulier à l'intérêt général.

C'est donc en chargeant les citoyens de l'administration des petites affaires, bien plus qu'en leur livrant le gouvernement des grandes, qu'on les intéresse au bien public, et qu'on leur fait voir le besoin qu'ils ont sans cesse les uns des autres pour le produire.

On peut, par une action d'éclat, captiver tout à coup la faveur d'un peuple; mais, pour gagner l'amour et le respect de la population qui vous entoure, il faut une longue succession de petits services rendus, de bons offices obscurs, une habitude constante de bienveillance et une réputation bien établie de désintéressement.

Les libertés locales, qui font qu'un grand nombre de citoyens mettent du prix à l'affection de leurs voisins et de leurs proches, ramènent donc sans cesse les hommes les uns vers les autres, en dépit des instincts qui les séparent, et les forcent à s'entr'aider.

Aux États-Unis, les plus opulents citoyens ont bien soin de ne point s'isoler du peuple; au contraire, ils s'en rapprochent sans cesse, ils l'écoutent volontiers, et lui parlent tous les jours. Ils savent que les riches des démocraties ont toujours besoin des pauvres, et que dans les temps démocratiques on s'attache le pauvre par les manières plus que par les bienfaits. La grandeur même des bienfaits, qui met en lumière la différence des conditions, cause une irritation secrète à ceux qui en profitent; mais la simplicité des manières a des charmes presque irrésistibles : leur familiarité entraîne, et leur grossièreté même ne déplaît pas toujours.

Ce n'est pas du premier coup que cette vérité pénètre dans l'esprit des riches. Ils y résistent d'ordinaire tant que dure la révolution démocratique, et ils ne l'admettent même point aussitôt après que cette révolution est accomplie. Ils consentent volontiers à faire du bien au peuple; mais ils veulent continuer à le tenir soigneusement à distance. Ils croient que cela suffit; ils se trompent. Ils se ruineraient ainsi sans réchauffer le cœur de la population qui les environne. Ce n'est pas le sacrifice de leur argent qu'elle leur demande; c'est celui de leur orgueil.

On dirait qu'aux États-Unis il n'y a pas d'imagination qui ne s'épuise à inventer des moyens d'accroître la richesse et de satisfaire les besoins du public. Les habitants les plus éclairés de chaque canton se servent sans cesse de leurs lumières pour découvrir des secrets nouveaux propres à accroître la prospérité commune; et, lorsqu'ils en ont trouvé quelques uns, ils se hâtent de les livrer à la foule.

En examinant de près les vices et les faiblesses que font voir souvent en Amérique ceux qui gouvernent, on s'étonne de la prospérité croissante du peuple, et on a tort. Ce n'est point le magistrat élu qui fait prospérer la démocratie américaine; mais elle prospère parce que le magistrat est électif.

Il serait injuste de croire que le patriotisme des Américains et le zèle que montre chacun d'eux pour le bien-être de ses concitoyens n'aient rien de réel. Quoique l'intérêt privé dirige, aux États-Unis aussi bien qu'ailleurs, la plupart des actions humaines, il ne les règle pas toutes.

Je dois dire que j'ai souvent vu des Américains faire de grands et véritables sacrifices à la chose publique, et j'ai remarqué cent fois qu'au besoin ils ne manquaient presque jamais de se prêter un fidèle appui les uns aux autres.

Les institutions libres que possèdent les habitants des États-Unis, et les droits politiques dont ils font tant d'usage, rappellent sans cesse, et de mille manières, à chaque citoyen qu'il vit en société. Elles ramènent à tous moments son esprit vers cette idée, que le devoir aussi bien que l'intérêt des hommes est de se rendre utiles à leurs semblables ; et comme il ne voit aucun sujet particulier de les haïr, puisqu'il n'est jamais ni leur esclave ni leur maître, son cœur penche aisément du côté de la bienveillance. On s'occupe d'abord de l'intérêt général par nécessité, et puis par choix; ce qui était calcul devient instinct ; et, à force de travailler au bien de ses concitoyens, on prend enfin l'habitude et le goût de les servir.

Beaucoup de gens en France considèrent l'égalité des conditions comme un premier mal, et la liberté politique comme un second. Quand ils sont obligés de subir l'une, ils s'efforcent du moins d'échapper à l'autre. Et moi je dis que, pour combattre les maux que l'égalité peut produire, il n'y a qu'un remède efficace: c'est la liberté politique.

CHAPITRE V.

De l'usage que les Américains font de l'association dans la vie civile.

Je ne veux point parler de ces associations politiques à l'aide desquelles les hommes cherchent à se défendre contre l'action despotique d'une majorité ou contre les empiétements du pouvoir royal. J'ai déjà traité ce sujet ailleurs. Il est clair que si chaque citoyen, à mesure qu'il devient individuellement plus faible, et par conséquent plus incapable de préserver isolément sa liberté, n'apprenait pas l'art de s'unir à ses semblables pour la défendre, la tyrannie croîtrait nécessairement avec l'égalité. Il ne s'agit ici que des associations qui se forment dans la vie civile, et dont l'objet n'a rien de politique.

Les associations politiques qui existent aux États-Unis ne forment qu'un détail au milieu de l'immense tableau que l'ensemble des associations y présente.

Les Américains de tous les âges, de toutes les conditions, de tous les esprits, s'unissent sans cesse. Non seulement ils ont des associations commerciales et industrielles auxquelles tous prennent part; mais ils en ont encore de mille autres espèces : de religieuses, de morales, de graves, de futiles, de fort générales et de très-particulières, d'immenses et de fort petites; les Américains s'associent pour donner des fêtes, fonder des séminaires, bâtir des auberges, élever des églises, répandre des livres, envoyer des missionnaires aux antipodes; ils créent de cette manière des hôpitaux, des prisons, des écoles. S'agit-il enfin de mettre en lumière une vérité, ou de développer un sentiment par l'appui d'un grand exemple : ils s'associent. Partout où, à la tête d'une entreprise nouvelle, vous voyez en France le gouvernement, et en Angleterre un grand seigneur, comptez que vous apercevrez aux États-Unis une association.

J'ai rencontré en Amérique des sortes d'associations dont je confesse que je n'avais pas même l'idée, et j'ai souvent admiré l'art infini avec lequel les habitants des États-Unis parvenaient à fixer un but commun aux efforts d'un grand nombre d'hommes, et à les y faire marcher librement.

J'ai parcouru depuis l'Angleterre, où les Américains ont pris quelques unes de leurs lois et beaucoup de leurs usages, et il m'a paru qu'on était fort loin d'y faire un aussi constant et un aussi habile emploi de l'association.

Il arrive souvent que des Anglais exécutent isolément de très-grandes choses, tandis qu'il n'est guère de si petite entreprise pour laquelle les Américains ne s'unissent. Il est évident que les premiers considèrent l'association comme un puissant moyen d'action ; mais les autres semblent y voir le seul moyen qu'ils aient d'agir.

Ainsi le pays le plus démocratique de la terre se trouve être celui de tous où les hommes ont le plus perfectionné de nos jours l'art de poursuivre en commun l'objet de leurs communs désirs, et ont appliqué au plus grand nombre d'objets cette science nouvelle.

Ceci résulte-t-il d'un accident, ou serait-ce qu'il existe en effet un rapport nécessaire entre les associations et l'égalité?

Les sociétés aristocratiques renferment toujours dans leur sein, au milieu d'une multitude d'individus qui ne peuvent rien par eux-mêmes, un petit nombre de citoyens très-puissants et très-riches ; chacun de ceux-ci peut exécuter à lui seul de grandes entreprises.

Dans les sociétés aristocratiques, les hommes n'ont pas besoin de s'unir pour agir, parce qu'ils sont retenus fortement ensemble.

Chaque citoyen, riche et puissant, y forme comme la tête d'une association permanente et forcée qui est composée de tous ceux qu'il tient dans sa dépendance et qu'il fait concourir à l'exécution de ses desseins.

Chez les peuples démocratiques, au contraire, tous les citoyens sont indépendants et faibles ; ils ne peuvent presque rien par eux-mêmes, et aucun d'entre eux ne saurait obliger ses semblables à lui prêter leur concours. Ils tombent donc tous dans l'impuissance s'ils n'apprennent à s'aider librement.

Si les hommes qui vivent dans les pays démocratiques n'avaient ni le droit, ni le goût de s'unir dans des buts politiques, leur indépendance courrait de grands hasards ; mais ils pourraient conserver longtemps leurs richesses et leurs lumières ; tandis que s'ils n'acquéraient point l'usage de s'associer dans la vie ordinaire, la civilisation elle-même serait en péril. Un peuple chez lequel les particuliers perdraient le pouvoir de faire isolément de grandes choses sans acquérir la faculté de les produire en commun retournerait bientôt vers la barbarie.

Malheureusement le même état social qui rend

les associations si nécessaires aux peuples démocratiques les leur rend plus difficiles qu'à tous les autres.

Lorsque plusieurs membres d'une aristocratie veulent s'associer ils réussissent aisément à le faire. Comme chacun d'eux apporte une grande force dans la société, le nombre des sociétaires peut être fort petit, et, lorsque les sociétaires sont en petit nombre, il leur est très-facile de se connaître, de se comprendre et d'établir des règles fixes.

La même facilité ne se rencontre pas chez les nations démocratiques, où il faut toujours que les associés soient très-nombreux pour que l'association ait quelque puissance.

Je sais qu'il y a beaucoup de mes contemporains que ceci n'embarrasse point. Ils prétendent qu'à mesure que les citoyens deviennent plus faibles, et plus incapables, il faut rendre le gouvernement plus habile et plus actif, afin que la société puisse exécuter ce que les individus ne peuvent plus faire. Ils croient avoir répondu à tout en disant cela. Mais je pense qu'ils se trompent.

Un gouvernement pourrait tenir lieu de quelques unes des plus grandes associations américaines, et, dans le sein de l'Union, plusieurs États particuliers l'ont déjà tenté. Mais quel pouvoir politique serait jamais en état de suffire à la multitude innombrable de petites entreprises que les citoyens américains exécutent tous les jours à l'aide de l'association ?

Il est facile de prévoir que le temps approche où l'homme sera de moins en moins en état de produire par lui seul les choses les plus communes et les plus nécessaires à sa vie. La tâche du pouvoir social s'accroîtra donc sans cesse, et ses efforts mêmes la rendront chaque jour plus vaste. Plus il se mettra à la place des associations, et plus les particuliers, perdant l'idée de s'associer, auront besoin qu'ils viennent à leur aide : ce sont des causes et des effets qui s'engendrent sans repos. L'administration publique finira-t-elle par diriger toutes les industries auxquelles un citoyen isolé ne peut suffire? et s'il arrive enfin un moment où, par une conséquence de l'extrême division de la propriété foncière, la terre se trouve partagée à l'infini, de sorte qu'elle ne puisse plus être cultivée que par des associations de laboureurs, faudra-t-il que le chef du gouvernement quitte le timon de l'État pour venir tenir la charrue?

La morale et l'intelligence d'un peuple démocratique ne courraient pas de moindres dangers que son négoce et son industrie, si le gouvernement venait y prendre partout la place des associations.

Les sentiments et les idées ne se renouvellent, le cœur ne s'agrandit, et l'esprit humain ne se développe que par l'action réciproque des hommes les uns sur les autres.

J'ai fait voir que cette action est presque nulle dans les pays démocratiques. Il faut donc l'y créer artificiellement. Et c'est ce que les associations seules peuvent faire.

Quand les membres d'une aristocratie adoptent une idée neuve, ou conçoivent un sentiment nouveau, ils les placent, en quelque sorte, à côté d'eux sur le grand théâtre où ils sont eux-mêmes, et, les exposant ainsi aux regards de la foule, ils les introduisent aisément dans l'esprit ou le cœur de tous ceux qui les environnent.

Dans les pays démocratiques il n'y a que le pouvoir social qui soit naturellement en état d'agir ainsi, mais il est facile de voir que son action est toujours insuffisante et souvent dangereuse.

Un gouvernement ne saurait pas plus suffire à entretenir seul et à renouveler la circulation des sentiments et des idées chez un grand peuple, qu'à y conduire toutes les entreprises industrielles. Dès qu'il essaiera de sortir de la sphère politique pour se jeter dans cette nouvelle voie, il exercera, même sans le vouloir, une tyrannie insupportable; car, un gouvernement ne sait que dicter des règles précises; il impose les sentiments et les idées qu'il favorise, et il est toujours malaisé de discerner ses conseils de ses ordres.

Ce sera bien pis encore s'il se croit réellement intéressé à ce que rien ne remue. Il se tiendra alors immobile, et se laissera appesantir par un sommeil volontaire.

Il est donc nécessaire qu'il n'agisse pas seul.

Ce sont les associations qui, chez les peuples démocratiques, doivent tenir lieu des particuliers puissants que l'égalité des conditions a fait disparaître.

Sitôt que plusieurs des habitants des États-Unis ont conçu un sentiment ou une idée qu'ils veulent produire dans le monde, ils se cherchent, et, quand ils se sont trouvés, ils s'unissent. Dès lors ce ne sont plus des hommes isolés, mais une puissance qu'on voit de loin, et dont les actions servent d'exemple; qui parle, et qu'on écoute.

La première fois que j'ai entendu dire aux États-Unis que cent mille hommes s'étaient engagés publiquement à ne pas faire usage de liqueurs fortes, la chose m'a paru plus plaisante que sérieuse, et je n'ai pas bien vu d'abord pourquoi ces citoyens si tempérants ne se contentaient point de boire de l'eau dans l'intérieur de leur famille.

J'ai fini par comprendre que ces cent mille Américains, effrayés des progrès que faisait autour d'eux l'ivrognerie, avaient voulu accorder à la sobriété leur patronage. Ils avaient agi précisément comme un grand seigneur qui se vêtirait très-uniment afin d'inspirer aux simples citoyens le mépris du luxe. Il est à croire que si ces cent mille hommes eussent vécu en France, chacun d'eux se serait adressé individuellement au gouvernement, pour le prier de surveiller les cabarets sur toute la surface du royaume.

Il n'y a rien, suivant moi, qui mérite plus d'attirer nos regards que les associations intellectuelles et morales de l'Amérique. Les associations politiques et industrielles des Américains tombent aisément sous nos sens; mais les autres nous échappent; et, si nous les découvrons, nous les comprenons mal, parce que nous n'avons presque jamais vu rien d'analogue. On doit reconnaître cependant qu'elles sont aussi nécessaires que les premières au peuple américain, et peut-être plus.

Dans les pays démocratiques, la science de l'association est la science-mère; le progrès de toutes les autres dépend des progrès de celle-là.

Parmi les lois qui régissent les sociétés humaines, il y en a une qui semble plus précise et plus claire que toutes les autres. Pour que les hommes restent civilisés ou le deviennent, il faut que parmi eux l'art de s'associer se développe et se perfectionne dans le même rapport que l'égalité des conditions s'accroît.

CHAPITRE VI.

Du rapport des associations et des journaux.

―――

Lorsque les hommes ne sont plus liés entre eux d'une manière solide et permanente on ne saurait obtenir d'un grand nombre d'agir en commun, à moins de persuader à chacun de ceux dont le concours est nécessaire que son intérêt particulier l'oblige à unir volontairement ses efforts aux efforts de tous les autres.

Cela ne peut se faire habituellement et commodément qu'à l'aide d'un journal; il n'y a qu'un journal qui puisse venir déposer au même moment dans mille esprits la même pensée.

Un journal est un conseiller qu'on n'a pas besoin d'aller chercher, mais qui se présente de lui-même, et qui vous parle tous les jours et brièvement de l'affaire commune, sans vous déranger de vos affaires particulières.

Les journaux deviennent donc plus nécessaires à mesure que les hommes sont plus égaux et l'individualisme plus à craindre. Ce serait diminuer leur importance que de croire qu'ils ne servent qu'à garantir la liberté ; ils maintiennent la civilisation.

Je ne nierai point que, dans les pays démocratiques, les journaux ne portent souvent les citoyens à faire en commun des entreprises fort inconsidérées ; mais s'il n'y avait pas de journaux, il n'y aurait presque pas d'action commune. Le mal qu'ils produisent est donc bien moindre que celui qu'ils guérissent.

Un journal n'a pas seulement pour effet de suggérer à un grand nombre d'hommes un même dessein ; il leur fournit les moyens d'exécuter en commun les desseins qu'ils auraient conçus d'eux-mêmes.

Les principaux citoyens qui habitent un pays aristocratique s'aperçoivent de loin ; et s'ils veulent réunir leurs forces, ils marchent les uns vers les autres, entraînant une multitude à leur suite.

Il arrive souvent, au contraire, dans les pays

démocratiques, qu'un grand nombre d'hommes qui ont le désir ou le besoin de s'associer ne peuvent le faire, parce qu'étant tous fort petits et perdus dans la foule, ils ne se voient point et ne savent où se trouver. Survient un journal qui expose aux regards le sentiment ou l'idée qui s'était présentée simultanément, mais séparément, à chacun d'entre eux. Tous se dirigent aussitôt vers cette lumière, et ces esprits errants, qui se cherchaient depuis longtemps dans les ténèbres, se rencontrent enfin et s'unissent.

Le journal les a rapprochés, et il continue à leur être nécessaire pour les tenir ensemble.

Pour que chez un peuple démocratique une association ait quelque puissance, il faut qu'elle soit nombreuse. Ceux qui la composent sont donc disséminés sur un grand espace, et chacun d'entre eux est retenu dans le lieu qu'il habite par la médiocrité de sa fortune et par la multitude des petits soins qu'elle exige. Il leur faut trouver un moyen de se parler tous les jours sans se voir, et de marcher d'accord sans s'être réunis. Ainsi il n'y a guère d'association démocratique qui puisse se passer d'un journal.

Il existe donc un rapport nécessaire entre les associations et les journaux : les journaux font les associations, et les associations font les journaux; et, s'il a été vrai de dire que les associations doivent se multiplier à mesure que les conditions s'égalisent, il n'est pas moins certain que le nombre des journaux s'accroît à mesure que les associations se multiplient.

Aussi, l'Amérique est-elle le pays du monde où l'on rencontre à la fois le plus d'associations et le plus de journaux.

Cette relation entre le nombre des journaux et celui des associations, nous conduit à en découvrir une autre entre l'état de la presse périodique et la forme de l'administration du pays, et nous apprend que le nombre des journaux doit diminuer ou croître chez un peuple démocratique, à proportion que la centralisation administrative est plus ou moins grande. Car, chez les peuples démocratiques, on ne saurait confier l'exercice des pouvoirs locaux aux principaux citoyens comme dans les aristocraties. Il faut abolir ces pouvoirs ou en remettre l'usage à un très-grand nombre d'hommes. Ceux-là forment une véritable association établie d'une manière permanente par la loi pour l'administration d'une portion du territoire, et ils ont besoin qu'un journal vienne les trouver chaque jour au milieu de leurs petites affaires, et leur apprenne en quel état se trouve l'affaire publique. Plus les pouvoirs locaux sont nombreux, plus le nombre de ceux que la loi appelle à les exercer est grand, et plus, cette nécessité se faisant sentir à tous moments, les journaux pullulent.

C'est le fractionnement extraordinaire du pouvoir administratif, bien plus encore que la grande liberté politique et l'indépendance absolue de la presse, qui multiplie si singulièrement le nombre des journaux en Amérique. Si tous les habitants de l'Union étaient électeurs, sous l'empire d'un système qui bornerait leur droit électoral au choix des législateurs de l'État, ils n'auraient besoin que d'un petit nombre de journaux, parce qu'ils n'auraient que quelques occasions très-importantes, mais très-rares, d'agir ensemble; mais, au dedans de la grande association nationale, la loi a établi dans chaque province, dans chaque cité, et pour ainsi dire dans chaque village, de petites associations ayant pour objet l'administration locale. Le législateur a forcé de cette manière chaque Américain de concourir journellement avec quelques uns de ses concitoyens à une œuvre commune, et il faut à chacun d'eux un journal pour lui apprendre ce que font tous les autres.

Je pense qu'un peuple démocratique (1) qui

(1) Je dis un *peuple démocratique*. L'administration peut être très décentralisée chez un peuple aristocratique, sans que le besoin des journaux se fasse sentir, parce que les pouvoirs locaux sont alors dans les mains d'un très petit nombre d'hommes qui agissent isolément ou qui se connaissent et peuvent aisément se voir et s'entendre.

n'aurait point de représentation nationale, mais un grand nombre de petits pouvoirs locaux, finirait par posséder plus de journaux qu'un autre chez lequel une administration centralisée existerait à côté d'une législature élective. Ce qui m'explique le mieux le développement prodigieux qu'a pris aux États-Unis la presse quotidienne, c'est que je vois chez les Américains la plus grande liberté nationale s'y combiner avec des libertés locales de toutes espèces.

On croit généralement en France et en Angleterre qu'il suffit d'abolir les impôts qui pèsent sur la presse, pour augmenter indéfiniment les journaux. C'est exagérer beaucoup les effets d'une semblable réforme. Les journaux ne se multiplient pas seulement suivant le bon marché, mais suivant le besoin plus ou moins répété qu'un grand nombre d'hommes ont de communiquer ensemble et d'agir en commun.

J'attribuerais également la puissance croissante des journaux à des raisons plus générales que celles dont on se sert souvent pour l'expliquer.

Un journal ne peut subsister qu'à la condition de reproduire une doctrine ou un sentiment commun à un grand nombre d'hommes. Un journal représente donc toujours une association dont ses lecteurs habituels sont les membres.

Cette association peut être plus ou moins définie, plus ou moins étroite, plus ou moins nombreuse; mais elle existe au moins en germe dans les esprits, par cela seul que le journal ne meurt pas.

Ceci nous mène à une dernière réflexion qui terminera ce chapitre.

Plus les conditions deviennent égales, moins les hommes sont individuellement forts, plus ils se laissent aisément aller au courant de la foule, et ont de peine à se tenir seuls dans une opinion qu'elle abandonne.

Le journal représente l'association; l'on peut dire qu'il parle à chacun de ses lecteurs au nom de tous les autres, et il les entraîne d'autant plus aisément qu'ils sont individuellement plus faibles.

L'empire des journaux doit donc croître à mesure que les hommes s'égalisent.

CHAPITRE VII.

Rapport des associations civiles et des associations politiques.

Il n'y a qu'une nation sur la terre où l'on use chaque jour de la liberté illimitée de s'associer dans des vues politiques.. Cette même nation est la seule dans le monde dont les citoyens aient imaginé de faire un continuel usage du droit d'association dans la vie civile, et soient parvenus à se procurer de cette manière tous les biens que la civilisation peut offrir.

Chez tous les peuples où l'association politique est interdite l'association civile est rare.

Il n'est guère probable que ceci soit le résultat

d'un accident; mais on doit plutôt en conclure qu'il existe un rapport naturel et peut-être nécessaire entre ces deux genres d'associations.

Des hommes ont par hasard un intérêt commun dans une certaine affaire. Il s'agit d'une entreprise commerciale à diriger, d'une opération industrielle à conclure; ils se rencontrent et s'unissent; ils se familiarisent peu à peu de cette manière avec l'association.

Plus le nombre de ces petites affaires communes augmente, et plus les hommes acquièrent, à leur insu même, la faculté de poursuivre en commun les grandes.

Les associations civiles facilitent donc les associations politiques; mais, d'une autre part, l'association politique développe et perfectionne singulièrement l'association civile.

Dans la vie civile chaque homme peut, à la rigueur, se figurer qu'il est en état de se suffire. En politique, il ne saurait jamais l'imaginer. Quand un peuple a une vie publique, l'idée de l'association et l'envie de s'associer se présentent donc chaque jour à l'esprit de tous les citoyens: quelque répugnance naturelle que les hommes aient à agir en commun, ils seront toujours prêts à le faire dans l'intérêt d'un parti.

Ainsi la politique généralise le goût et l'habitude de l'association ; elle fait désirer de s'unir et apprend l'art de le faire à une foule d'hommes qui auraient toujours vécu seuls.

La politique ne fait pas seulement naître beaucoup d'associations, elle crée des associations très-vastes.

Dans la vie civile il est rare qu'un même intérêt attire naturellement vers une action commune un grand nombre d'hommes. Ce n'est qu'avec beaucoup d'art qu'on parvient à en créer un semblable.

En politique l'occasion s'en offre à tous moments d'elle-même. Or, ce n'est que dans de grandes associations que la valeur générale de l'association se manifeste. Des citoyens individuellement faibles ne se font pas d'avance une idée claire de la force qu'ils peuvent acquérir en s'unissant ; il faut qu'on le leur montre pour qu'ils le comprennent. De là vient qu'il est souvent plus facile de rassembler dans un but commun une multitude que quelques hommes ; mille citoyens ne voyent point l'intérêt qu'ils ont à s'unir ; dix mille l'aperçoivent. En politique, les hommes s'unissent pour de grandes entreprises, et le parti qu'ils tirent de l'association dans les affaires importantes leur enseigne, d'une manière pratique, l'intérêt qu'ils ont à s'en aider dans les moindres.

Une association politique tire à la fois une multitude d'individus hors d'eux-mêmes ; quelque séparés qu'ils soient naturellement par l'âge, l'esprit, la fortune, elle les rapproche et les met en contact. Ils se rencontrent une fois et apprennent à se retrouver toujours.

L'on ne peut s'engager dans la plupart des associations civiles qu'en exposant une portion de son patrimoine ; il en est ainsi pour toutes les compagnies industrielles et commerciales. Quand les hommes sont encore peu versés dans l'art de s'associer et qu'ils en ignorent les principales règles, ils redoutent, en s'associant pour la première fois de cette manière, de payer cher leur expérience. Ils aiment donc mieux se priver d'un moyen puissant de succès, que de courir les dangers qui l'accompagnent. Mais ils hésitent moins à prendre part aux associations politiques qui leur paraissent sans péril parce qu'ils n'y risquent pas leur argent. Or, ils ne sauraient faire longtemps partie de ces associations-là sans découvrir comment on maintient l'ordre parmi un grand nombre d'hommes, et par quel procédé on parvient à les faire marcher, d'accord et méthodiquement, vers le même but. Ils y apprennent à soumettre leur volonté à celle de tous les autres, et à subordonner leurs efforts particuliers à l'action commune, toutes choses qu'il n'est pas moins nécessaire de savoir dans les associations civiles que dans les associations politiques.

Les associations politiques peuvent donc être considérées comme de grandes écoles gratuites, où tous les citoyens viennent apprendre la théorie générale des associations.

Alors même que l'association politique ne servirait pas directement au progrès de l'association civile, ce serait encore nuire à celle-ci que de détruire la première.

Quand les citoyens ne peuvent s'associer que dans certains cas, ils regardent l'association comme un procédé rare et singulier, et ils ne s'avisent guère d'y songer.

Lorsqu'on les laisse s'associer librement en toutes choses, ils finissent par voir, dans l'association, le moyen universel, et pour ainsi dire unique, dont les hommes peuvent se servir pour atteindre les diverses fins qu'ils se proposent. Chaque besoin nouveau en réveille aussitôt l'idée. L'art de l'association devient alors, comme je l'ai dit plus haut, la science mère; tous l'étudient et l'appliquent.

Quand certaines associations sont défendues et d'autres permises, il est difficile de distinguer d'avance les premières des secondes. Dans le doute on s'abstient de toutes, et il s'établit une sorte d'opinion publique qui tend à faire considérer une association quelconque comme une entreprise hardie et presque illicite (1).

C'est donc une chimère que de croire que l'esprit d'association, comprimé sur un point, ne laissera pas de se développer avec la même vigueur sur tous les autres, et qu'il suffira de permettre aux hommes d'exécuter en commun certaines entreprises, pour qu'ils se hâtent de le tenter. Lorsque les citoyens auront la faculté et l'habitude de s'associer pour toutes choses, ils s'associeront aussi volontiers pour les petites que pour les grandes. Mais s'ils ne peuvent s'associer que pour les petites, ils ne trouveront pas même

---

(1) Cela est surtout vrai lorsque c'est le pouvoir exécutif qui est chargé de permettre ou de défendre les associations suivant sa volonté arbitraire.

Quand la loi se borne à prohiber certaines associations et laisse aux tribunaux le soin de punir ceux qui désobéissent, le mal est bien moins grand; chaque citoyen sait alors à peu près d'avance sur quoi compter; il se juge en quelque sorte lui-même avant ses juges, et s'écartant des associations défendues, il se livre aux associations permises. C'est ainsi que tous les peuples libres ont toujours compris qu'on pouvait restreindre le droit d'association. Mais s'il arrivait que le législateur chargeât un homme de démêler d'avance quelles sont les associations dangereuses et utiles, et le laissât libre de détruire toutes les associations dans leur germe ou de les laisser naître, personne ne pouvant plus prévoir d'avance dans quel cas on peut s'associer, et dans quel autre il faut s'en abstenir, l'esprit d'association serait entièrement frappé d'inertie. La première de ces deux lois n'attaque que certaines associations, la seconde s'adresse à la société elle-même et la blesse. Je conçois qu'un gouvernement régulier ait recours à la première, mais je ne reconnais à aucun gouvernement le droit de porter la seconde.

l'envie et la capacité de le faire. En vain leur laisserez-vous l'entière liberté de s'occuper en commun de leur négoce : ils n'useront que nonchalamment des droits qu'on leur accorde; et, après vous être épuisés en efforts pour les écarter des associations défendues, vous serez surpris de ne pouvoir leur persuader de former les associations permises.

Je ne dis point qu'il ne puisse pas y avoir d'associations civiles dans un pays où l'association politique est interdite ; car les hommes ne sauraient jamais vivre en société sans se livrer à quelque entreprise commune. Mais je soutiens que, dans un semblable pays, les associations civiles seront toujours en très-petit nombre, faiblement conçues, inhabilement conduites, et qu'elles n'embrasseront jamais de vastes desseins, ou échoueront en voulant les exécuter.

Ceci me conduit naturellement à penser que la liberté d'association en matière politique n'est point aussi dangereuse pour la tranquillité publique qu'on le suppose, et qu'il pourrait se faire qu'après avoir quelque temps ébranlé l'État, elle l'affermisse.

Dans les pays démocratiques, les associations politiques forment pour ainsi dire les seuls particuliers puissants qui aspirent à régler l'État. Aussi les gouvernements de nos jours considèrent-ils ces espèces d'associations du même œil que les rois du moyen-âge regardaient les grands vassaux de la couronne : ils sentent une sorte d'horreur instinctive pour elles, et les combattent en toutes rencontres.

Ils ont, au contraire, une bienveillance naturelle pour les associations civiles, parce qu'ils ont aisément découvert que celles-ci, au lieu de diriger l'esprit des citoyens vers les affaires publiques, servent à l'en distraire, et, les engageant de plus en plus dans des projets qui ne peuvent s'accomplir sans la paix publique, les détournent des révolutions. Mais ils ne prennent point garde que les associations politiques multiplient et facilitent prodigieusement les associations civiles, et qu'en évitant un mal dangereux ils se privent d'un remède efficace. Lorsque vous voyez les Américains s'associer librement, chaque jour, dans le but de faire prévaloir une opinion politique, d'élever un homme d'État au gouvernement, ou d'arracher la puissance à un autre, vous avez de la peine à comprendre que des hommes si indépendants ne tombent pas à tous moments dans la licence.

Si vous venez, d'autre part, à considérer le nombre infini d'entreprises industrielles qui se poursuivent en commun aux États-Unis, et que vous aperceviez de tous côtés les Américains travaillant sans relâche à l'exécution de quelque dessein important et difficile, que la moindre révolution pourrait confondre, vous concevez aisément pourquoi ces gens si bien occupés ne sont point tentés de troubler l'État ni de détruire un repos public dont ils profitent.

Est-ce assez d'apercevoir ces choses séparément, et ne faut-il pas découvrir le nœud caché qui les lie? C'est au sein des associations politiques que les Américains de tous les états, de tous les esprits et de tous les âges prennent chaque jour le goût général de l'association, et se familiarisent à son emploi. Là, ils se voient en grand nombre, se parlent, s'entendent, et s'animent en commun à toutes sortes d'entreprises. Ils transportent ensuite dans la vie civile les notions qu'ils ont ainsi acquises, et les font servir à mille usages.

C'est donc en jouissant d'une liberté dangereuse que les Américains apprennent l'art de rendre les périls de la liberté moins grands.

Si l'on choisit un certain moment dans l'existence d'une nation, il est facile de prouver que les associations politiques troublent l'État et paralysent l'industrie; mais qu'on prenne la vie toute entière d'un peuple, et il sera peut-être aisé de démontrer que la liberté d'association en matière politique est favorable au bien-être et même à la tranquillité des citoyens.

J'ai dit dans la première partie de cet ouvrage : « La liberté illimitée d'association ne saurait être « confondue avec la liberté d'écrire : l'une est tout « à la fois moins nécessaire et plus dangereuse « que l'autre. Une nation peut y mettre des bornes « sans cesser d'être maîtresse d'elle-même; elle « doit quelquefois le faire pour continuer à l'être. » Et plus loin j'ajoutais : « On ne peut se dissimuler « que la liberté illimitée d'association en matière « politique ne soit, de toutes les libertés, la der- « nière qu'un peuple puisse supporter. Si elle ne « le fait pas tomber dans l'anarchie, elle la lui « fait pour ainsi dire toucher à chaque instant. »

Ainsi, je ne crois point qu'une nation soit toujours maîtresse de laisser aux citoyens le droit absolu de s'associer en matière politique, et je doute même que, dans aucun pays et à aucune époque, il fût sage de ne pas poser des bornes à la liberté d'association.

Tel peuple ne saurait, dit-on, maintenir la paix dans son sein, inspirer le respect des lois, ni fonder de gouvernement durable, s'il ne renferme le droit d'association dans d'étroites limites. De pareils biens sont précieux sans doute, et je conçois que, pour les acquérir ou les conserver, une nation consente à s'imposer momentanément de grandes gênes; mais encore est-il bon qu'elle sache précisément ce que ces biens lui coûtent.

Que, pour sauver la vie d'un homme, on lui coupe un bras, je le comprends; mais je ne veux point qu'on m'assure qu'il va se montrer aussi adroit que s'il n'était pas manchot.

CHAPITRE VIII.

Comment les Américains combattent l'individualisme par la doctrine de l'intérêt bien entendu.

———•———

Lorsque le monde était conduit par un petit nombre d'individus puissants et riches, ceux-ci aimaient à se former une idée sublime des devoirs de l'homme ; ils se plaisaient à professer qu'il est glorieux de s'oublier soi-même et qu'il convient de faire le bien sans intérêt, comme Dieu même. C'était la doctrine officielle de ce temps en matière de morale.

Je doute que les hommes fussent plus vertueux dans les siècles aristocratiques que dans les autres, mais il est certain qu'on y parlait sans cesse des beautés de la vertu ; ils n'étudiaient qu'en secret par quel côté elle est utile ; mais, à mesure que l'imagination prend un vol moins haut, et que chacun se concentre en soi-même, les moralistes s'effraient à cette idée de sacrifice, et ils n'osent plus l'offrir à l'esprit humain ; ils se réduisent donc à rechercher si l'avantage individuel des citoyens ne serait pas de travailler au bonheur de tous, et, lorsqu'ils ont découvert un de ces points où l'intérêt particulier vient à se rencontrer avec l'intérêt général, et à s'y confondre, ils se hâtent de le mettre en lumière ; peu à peu les observations semblables se multiplient. Ce qui n'était qu'une remarque isolée devient une doctrine générale, et l'on croit enfin apercevoir que l'homme en servant ses semblables se sert lui-même, et que son intérêt particulier est de bien faire.

J'ai déjà montré, dans plusieurs endroits de cet ouvrage, comment les habitants des États-Unis savaient presque toujours combiner leur propre bien-être avec celui de leurs concitoyens. Ce que je veux remarquer ici, c'est la théorie générale à l'aide de laquelle ils y parviennent.

Aux États-Unis, on ne dit presque point que la vertu est belle. On soutient qu'elle est utile, et on le prouve tous les jours. Les moralistes américains ne prétendent pas qu'il faille se sacrifier à ses semblables, parce qu'il est grand de le faire ; mais ils disent hardiment que de pareils sacrifices sont aussi nécessaires à celui qui se les impose qu'à celui qui en profite.

Ils ont aperçu que, dans leur pays et de leur temps, l'homme était ramené vers lui-même par une force irrésistible et, perdant l'espoir de l'arrêter, ils n'ont plus songé qu'à le conduire.

Ils ne nient donc point que chaque homme ne puisse suivre son intérêt, mais ils s'évertuent à prouver que l'intérêt de chacun est d'être honnête.

Je ne veux point entrer ici dans le détail de leurs raisons, ce qui m'écarterait de mon sujet; qu'il me suffise de dire qu'elles ont convaincu leurs concitoyens.

Il y a longtemps que Montaigne a dit: « Quand, « pour sa droicture, je ne suyvray pas le droict « chemin, je le suyvray pour avoir trouvé par « expérience, qu'au bout du compte c'est com- « munément le plus heureux et le plus utile. »

La doctrine de l'intérêt bien entendu n'est donc pas nouvelle, mais chez les Américains de nos jours elle a été universellement admise; elle y est devenue populaire : on la retrouve au fond de toutes les actions; elle perce à travers tous les discours. On ne la rencontre pas moins dans la bouche du pauvre que dans celle du riche.

En Europe, la doctrine de l'intérêt est beaucoup plus grossière qu'en Amérique, mais en même temps elle y est moins répandue et surtout moins montrée, et l'on feint encore tous les jours parmi nous de grands dévoûments qu'on n'a plus.

Les Américains, au contraire, se plaisent à expliquer, à l'aide de l'intérêt bien entendu, presque tous les actes de leur vie; ils montrent complaisamment comment l'amour éclairé d'eux-mêmes les porte sans cesse à s'aider entre eux, et les dispose à sacrifier volontiers au bien de l'État une partie de leur temps et de leurs richesses. Je pense qu'en ceci il leur arrive souvent de ne point se rendre justice : car, on voit parfois aux États-Unis, comme ailleurs, les citoyens s'abandonner aux élans désintéressés et irréfléchis qui sont naturels à l'homme; mais les Américains n'avouent guère qu'ils cèdent à des mouvements de cette espèce; ils aiment mieux faire honneur à leur philosophie qu'à eux-mêmes.

Je pourrais m'arrêter ici et ne point essayer de juger ce que je viens de décrire. L'extrême difficulté du sujet serait mon excuse. Mais je ne veux point en profiter, et je préfère que mes lecteurs, voyant clairement mon but, refusent de me suivre que de les laisser en suspens.

L'intérêt bien entendu est une doctrine peu haute, mais claire et sûre. Elle ne cherche pas à atteindre de grands objets; mais elle atteint sans trop d'efforts, tous ceux auxquels elle vise. Comme elle est à la portée de toutes les intelligences, chacun la saisit aisément et la retient sans peine. S'accommodant merveilleusement aux faiblesses des hommes, elle obtient facilement un grand empire, et il ne lui est point difficile de le conserver, parce qu'elle retourne l'intérêt personnel contre lui-même et se sert, pour diriger les passions, de l'aiguillon qui les excite.

La doctrine de l'intérêt bien entendu ne produit pas de grands dévouements ; mais elle suggère chaque jour de petits sacrifices ; à elle seule, elle ne saurait faire un homme vertueux, mais elle forme une multitude de citoyens, réglés, tempérants, modérés, prévoyants, maîtres d'eux-mêmes ; et, si elle ne conduit pas directement à la vertu, par la volonté, elle en rapproche insensiblement par les habitudes.

Si la doctrine de l'intérêt bien entendu venait à dominer entièrement le monde moral, les vertus extraordinaires seraient sans doute plus rares. Mais je pense aussi qu'alors les grossières dépravations seraient moins communes. La doctrine de l'intérêt bien entendu empêche peut-être quelques hommes de monter fort au-dessus du niveau ordinaire de l'humanité ; mais un grand nombre d'autres qui tombaient au-dessous la rencontrent et s'y retiennent. Considérez quelques individus, elle les abaisse. Envisagez l'espèce, elle l'élève.

Je ne craindrai pas de dire que la doctrine de l'intérêt bien entendu me semble, de toutes les théories philosophiques, la mieux appropriée aux besoins des hommes de notre temps, et que j'y vois la plus puissante garantie qui leur reste contre eux-mêmes. C'est donc principalement vers elle que l'esprit des moralistes de nos jours doit se tourner. Alors même qu'ils la jugeraient imparfaite, il faudrait encore l'adopter comme nécessaire.

Je ne crois pas, à tout prendre, qu'il y ait plus d'égoïsme parmi nous qu'en Amérique; la seule différence, c'est que là il est éclairé et qu'ici il ne l'est point. Chaque Américain sait sacrifier une partie de ses intérêts particuliers, pour sauver le reste. Nous voulons tout retenir, et souvent tout nous échappe.

Je ne vois autour de moi que des gens qui semblent vouloir enseigner chaque jour à leurs contemporains, par leur parole et leur exemple, que l'utile n'est jamais déshonnête. N'en découvrirai-je donc point enfin qui entreprennent de leur faire comprendre comment l'honnête peut être utile?

Il n'y a pas de pouvoir sur la terre qui puisse empêcher que l'égalité croissante des conditions ne porte l'esprit humain vers la recherche de l'utile, et ne dispose chaque citoyen à se resserrer en lui-même.

Il faut donc s'attendre que l'intérêt individuel deviendra plus que jamais le principal, sinon l'unique mobile des actions des hommes; mais il reste à savoir comment chaque homme entendra son intérêt individuel.

Si les citoyens, en devenant égaux, restaient ignorants et grossiers, il est difficile de prévoir jusqu'à quel stupide excès pourrait se porter leur égoïsme, et l'on ne saurait dire à l'avance dans quelles honteuses misères ils se plongeraient eux-mêmes, de peur de sacrifier quelque chose de leur bien-être à la prospérité de leurs semblables.

Je ne crois point que la doctrine de l'intérêt, telle qu'on la prêche en Amérique, soit évidente dans toutes ses parties; mais elle renferme un grand nombre de vérités si évidentes, qu'il suffit d'éclairer les hommes pour qu'ils les voient. Éclairez-les donc à tout prix; car le siècle des dévouements aveugles et des vertus instinctives fuit déjà loin de nous, et je vois s'approcher le temps où la liberté, la paix publique et l'ordre social lui-même ne pourront se passer des lumières.

CHAPITRE IX.

Comment les Américains appliquent la doctrine de l'intérêt bien entendu en matière de religion.

—•—

Si la doctrine de l'intérêt bien entendu n'avait en vue que ce monde, elle serait loin de suffire ; car il y a un grand nombre de sacrifices qui ne peuvent trouver leur récompense que dans l'autre ; et, quelque effort d'esprit que l'on fasse pour prouver l'utilité de la vertu, il sera toujours malaisé de faire bien vivre un homme qui ne veut pas mourir.

Il est donc nécessaire de savoir si la doctrine de l'intérêt bien entendu peut se concilier aisément avec les croyances religieuses.

Les philosophes qui enseignent cette doctrine disent aux hommes que, pour être heureux dans la vie, on doit veiller sur ses passions et en réprimer avec soin l'excès; qu'on ne saurait acquérir un bonheur durable qu'en se refusant mille jouissances passagères, et qu'il faut enfin triompher sans cesse de soi-même pour se mieux servir.

Les fondateurs de presque toutes les religions ont tenu à peu près le même langage. Sans indiquer aux hommes une autre route, ils n'ont fait que reculer le but; au lieu de placer en ce monde le prix des sacrifices qu'ils imposent, ils l'ont mis dans l'autre.

Toutefois, je me refuse à croire que tous ceux qui pratiquent la vertu par esprit de religion n'agissent que dans la vue d'une récompense.

J'ai rencontré des chrétiens zélés qui s'oubliaient sans cesse afin de travailler avec plus d'ardeur au bonheur de tous, et je les ai entendus prétendre qu'ils n'agissaient ainsi que pour mériter les biens de l'autre monde; mais je ne puis m'empêcher de penser qu'ils s'abusent eux-mêmes. Je les respecte trop pour les croire.

Le christianisme nous dit, il est vrai, qu'il faut préférer les autres à soi, pour gagner le ciel; mais le christianisme nous dit aussi qu'on doit faire le bien de ses semblables par amour de Dieu. C'est là une expression magnifique; l'homme pénètre par son intelligence dans la pensée divine; il voit que le but de Dieu est l'ordre; il s'associe librement à ce grand dessein, et, tout en sacrifiant ses intérêts particuliers à cet ordre admirable de toutes choses, il n'attend d'autres récompenses que le plaisir de le contempler.

Je ne crois donc pas que le seul mobile des hommes religieux soit l'intérêt; mais je pense que l'intérêt est le principal moyen dont les religions elles-mêmes se servent pour conduire les hommes, et je ne doute pas que ce ne soit par ce côté qu'elles saisissent la foule et deviennent populaires.

Je ne vois donc pas clairement pourquoi la doctrine de l'intérêt bien entendu écarterait les hommes des croyances religieuses, et il me semble, au contraire, que je démêle comment elle les en rapproche.

Je suppose que, pour atteindre le bonheur de ce monde, un homme résiste en toutes rencontres à l'instinct, et raisonne froidement tous les actes de sa vie; qu'au lieu de céder aveuglément à la fougue de ses premiers désirs, il ait appris l'art de les combattre, et qu'il se soit habitué à sacrifier sans efforts le plaisir du moment à l'intérêt permanent de toute sa vie.

Si un pareil homme a foi dans la religion qu'il professe, il ne lui en coûtera guère de se soumettre aux gênes qu'elle impose. La raison même lui conseille de le faire, et la coutume l'a préparé d'avance à le souffrir.

Que s'il a conçu des doutes sur l'objet de ses espérances, il ne s'y laissera point aisément arrêter, et il jugera qu'il est sage de hasarder quelques uns des biens de ce monde pour conserver ses droits à l'immense héritage qu'on lui promet dans l'autre.

« De se tromper en croyant la religion chré-
« tienne vraie, a dit Pascal, il n'y a pas grand'-
« chose à perdre; mais quel malheur de se trom-
« per en la croyant fausse ! »

Les Américains n'affectent point une indifférence grossière pour l'autre vie; ils ne mettent pas un puéril orgueil à mépriser des périls auxquels ils espèrent se soustraire.

Ils pratiquent donc leur religion sans honte et sans faiblesse; mais on voit d'ordinaire, jusqu'au milieu de leur zèle, je ne sais quoi de si tranquille, de si méthodique et de si calculé, qu'il semble que ce soit la raison bien plus que le cœur qui les conduit au pied des autels.

Non seulement les Américains suivent leur religion par intérêt, ils placent souvent dans ce monde l'intérêt qu'on peut avoir à la suivre. Au moyen âge, les prêtres ne parlaient que de l'autre vie; ils ne s'inquiétaient guère de prouver qu'un chrétien sincère peut être un homme heureux ici-bas.

Mais les prédicateurs américains reviennent sans cesse à la terre, et ils ne peuvent qu'à grande peine en détacher leurs regards. Pour mieux toucher leurs auditeurs, ils leur font voir chaque jour comment les croyances religieuses favorisent la liberté et l'ordre public, et il est souvent difficile de savoir, en les écoutant, si l'objet principal de la religion est de procurer l'éternelle félicité dans l'autre monde ou le bien-être en celui-ci.

CHAPITRE X.

Du goût du bien-être matériel en Amérique.

En Amérique, la passion du bien-être matériel n'est pas toujours exclusive, mais elle est générale; si tous ne l'éprouvent point de la même manière, tous la ressentent. Le soin de satisfaire les moindres besoins du corps et de pourvoir aux petites commodités de la vie y préoccupe universellement les esprits.

Quelque chose de semblable se fait voir de plus en plus en Europe.

Parmi les causes qui produisent ces effets pareils dans les deux mondes, il en est plusieurs qui se rapprochent de mon sujet, et que je dois indiquer.

Quand les richesses sont fixées héréditairement dans les mêmes familles, on voit un grand nombre d'hommes qui jouissent du bien-être matériel, sans ressentir le goût exclusif du bien-être.

Ce qui attache le plus vivement le cœur humain, ce n'est point la possession paisible d'un objet précieux, mais le désir imparfaitement satisfait de le posséder et la crainte incessante de le perdre.

Dans les sociétés aristocratiques, les riches, n'ayant jamais connu un état différent du leur, ne redoutent point d'en changer ; à peine s'ils en imaginent un autre. Le bien-être matériel n'est donc point pour eux le but de la vie; c'est une manière de vivre. Ils le considèrent, en quelque sorte, comme l'existence, et en jouissent sans y songer.

Le goût naturel et instinctif que tous les hommes ressentent pour le bien-être, étant ainsi satisfait sans peine et sans crainte, leur âme se porte ailleurs et s'attache à quelque entreprise plus difficile et plus grande, qui l'anime et l'entraîne.

C'est ainsi qu'au sein même des jouissances matérielles les membres d'une aristocratie font souvent voir un mépris orgueilleux pour ces mêmes jouissances, et trouvent des forces singulières quand il faut enfin s'en priver. Toutes les révolutions, qui ont troublé ou détruit les aristocraties, ont montré avec quelle facilité des gens accoutumés au superflu pouvaient se passer du nécessaire, tandis que des hommes qui sont arrivés laborieusement jusqu'à l'aisance, peuvent à peine vivre après l'avoir perdue.

Si, des rangs supérieurs, je passe aux basses classes, je verrai des effets analogues produits par des causes différentes.

Chez les nations où l'aristocratie domine la société, et la tient immobile, le peuple finit par s'habituer à la pauvreté comme les riches à leur opulence. Les uns ne se préoccupent point du bien-être matériel parce qu'ils le possèdent sans peine; l'autre n'y pense point parce qu'il désespère de l'acquérir et qu'il ne le connaît pas assez pour le désirer.

Dans ces sortes de sociétés l'imagination du pauvre est rejetée vers l'autre monde; les misères de la vie réelle la resserrent; mais elle leur échappe et va chercher ses jouissances au dehors.

Lorsque, au contraire, les rangs sont confondus et les priviléges détruits, quand les patrimoines se divisent et que la lumière et la liberté se répandent, l'envie d'acquérir le bien-être se présente à l'imagination du pauvre, et la crainte de le perdre à l'esprit du riche. Il s'établit une multitude de fortunes médiocres. Ceux qui les possèdent ont assez de jouissances matérielles pour concevoir le goût de ces jouissances, et pas assez pour s'en contenter. Ils ne se les procurent jamais qu'avec effort et ne s'y livrent qu'en tremblant.

Ils s'attachent donc sans cesse à poursuivre ou à retenir ces jouissances si précieuses, si incomplètes et si fugitives.

Je cherche une passion qui soit naturelle à des hommes que l'obscurité de leur origine ou la médiocrité de leur fortune excitent et limitent, et je n'en trouve point de mieux appropriée que le goût du bien-être. La passion du bien-être matériel est essentiellement une passion de classe moyenne; elle grandit et s'étend avec cette classe; elle devient prépondérante avec elle. C'est de là qu'elle gagne les rangs supérieurs de la société et descend jusqu'au sein du peuple.

Je n'ai pas rencontré, en Amérique, de si pauvre citoyen qui ne jetât un regard d'espérance et d'envie sur les jouissances des riches, et dont l'imagination ne se saisît à l'avance des biens que le sort s'obstinait à lui refuser.

D'un autre côté, je n'ai jamais aperçu chez les riches des États-Unis ce superbe dédain pour le bien-être matériel qui se montre quelquefois jusque dans le sein des aristocraties les plus opulentes et les plus dissolues.

La plupart de ces riches ont été pauvres; ils ont senti l'aiguillon du besoin; ils ont longtemps combattu une fortune ennemie, et, maintenant que la victoire est remportée, les passions qui ont accompagné la lutte lui survivent; ils restent comme enivrés au milieu de ces petites jouissances qu'ils ont poursuivies quarante ans.

Ce n'est pas qu'aux États-Unis, comme ailleurs, il ne se rencontre un assez grand nombre de riches qui, tenant leurs biens par héritage, possèdent sans efforts une opulence qu'ils n'ont point acquise. Mais ceux-ci même ne se montrent pas moins attachés aux jouissances de la vie matérielle. L'amour du bien-être est devenu le goût national et dominant; le grand courant des passions humaines porte de ce côté, il entraîne tout dans son cours.

CHAPITRE XI.

Des effets particuliers que produit l'amour des jouissances matérielles dans les siècles démocratiques.

———•◦•———

On pourrait croire, d'après ce qui précède, que l'amour des jouissances matérielles doit entraîner sans cesse les Américains vers le désordre des mœurs, troubler les familles et compromettre enfin le sort de la société même.

Mais il n'en est point ainsi : la passion des jouissances matérielles produit dans le sein des démocraties d'autres effets que chez les peuples aristocratiques.

Il arrive quelquefois que la lassitude des affaires, l'excès des richesses, la ruine des croyances, la décadence de l'État, détournent peu à peu vers les seules jouissances matérielles le cœur d'une aristocratie. D'autres fois, la puissance du prince ou la faiblesse du peuple, sans ravir aux nobles leur fortune, les force à s'écarter du pouvoir, et, leur fermant la voie aux grandes entreprises, les abandonnent à l'inquiétude de leurs désirs; ils retombent alors pesamment sur eux-mêmes, et ils cherchent dans les jouissances du corps l'oubli de leur grandeur passée.

Lorsque les membres d'un corps aristocratique se tournent ainsi exclusivement vers l'amour des jouissances matérielles, ils rassemblent d'ordinaire de ce seul côté toute l'énergie que leur a donnée la longue habitude du pouvoir.

A de tels hommes la recherche du bien-être ne suffit pas; il leur faut une dépravation somptueuse et une corruption éclatante. Ils rendent un culte magnifique à la matière, et ils semblent à l'envi vouloir exceller dans l'art de s'abrutir.

Plus une aristocratie aura été forte, glorieuse et libre, plus alors elle se montrera dépravée, et, quelle qu'ait été la splendeur de ses vertus, j'ose prédire qu'elle sera toujours surpassée par l'éclat de ses vices.

Le goût des jouissances matérielles ne porte point les peuples démocratiques à de pareils excès. L'amour du bien-être s'y montre une passion tenace, exclusive, universelle, mais contenue. Il n'est pas question d'y bâtir de vastes palais, d'y vaincre ou d'y tromper la nature, d'épuiser l'univers pour mieux assouvir les passions d'un homme; il s'agit d'ajouter quelques toises à ses champs, de planter un verger, d'agrandir une demeure, de rendre à chaque instant la vie plus aisée et plus commode, de prévenir la gêne, et de satisfaire les moindres besoins sans efforts et presque sans frais. Ces objets sont petits, mais l'âme s'y attache : elle les considère tous les jours et de fort près ; ils finissent par lui cacher le reste du monde, et ils viennent quelquefois se placer entre elle et Dieu.

Ceci, dira-t-on, ne saurait s'appliquer qu'à ceux d'entre les citoyens dont la fortune est médiocre; les riches montreront des goûts analogues à ceux qu'ils faisaient voir dans les siècles d'aristocratie. Je le conteste.

En fait de jouissances matérielles, les plus opulents citoyens d'une démocratie ne montreront pas des goûts fort différents de ceux du peuple, soit que, étant sortis du sein du peuple, ils les partagent réellement, soit qu'ils croient devoir s'y soumettre. Dans les sociétés démocratiques, la sensualité du public a pris une certaine allure modérée et tranquille, à laquelle toutes les âmes sont tenues de se conformer. Il y est aussi difficile d'échapper à la règle commune par ses vices que par ses vertus.

Les riches qui vivent au milieu des nations démocratiques visent donc à la satisfaction de leurs moindres besoins plutôt qu'à des jouissances extraordinaires; ils contentent une multitude de petits désirs, et ne se livrent à aucune grande passion désordonnée. Ils tombent ainsi dans la mollesse plutôt que dans la débauche.

Ce goût particulier que les hommes des siècles démocratiques conçoivent pour les jouissances matérielles n'est point naturellement opposé à l'ordre; au contraire, il a souvent besoin de l'ordre pour se satisfaire. Il n'est pas non plus ennemi de la régularité des mœurs; car les bonnes mœurs sont utiles à la tranquillité publique et favorisent l'industrie. Souvent même il vient à se combiner avec une sorte de moralité religieuse; on veut être le mieux possible en ce monde, sans renoncer aux chances de l'autre.

Parmi les biens matériels, il en est dont la possession est criminelle; on a soin de s'en abstenir. Il y en a d'autres dont la religion et la morale permettent l'usage; à ceux-là on livre sans réserve son cœur, son imagination, sa vie, et l'on perd de vue, en s'efforçant de les saisir, ces biens plus précieux qui font la gloire et la grandeur de l'espèce humaine.

Ce que je reproche à l'égalité, ce n'est pas d'entraîner les hommes à la poursuite des jouissances défendues ; c'est de les absorber entièrement dans la recherche des jouissances permises.

Ainsi, il pourrait bien s'établir dans le monde une sorte de matérialisme honnête qui ne corromprait pas les âmes, mais qui les amollirait et finirait par détendre sans bruit tous leurs ressorts.

CHAPITRE XII.

Pourquoi certains Américains font voir un spiritualisme si exalté.

Quoique le désir d'acquérir les biens de ce monde soit la passion dominante des Américains, il y a des moments de relâche où leur âme semble briser tout à coup les liens matériels qui la retiennent, et s'échapper impétueusement vers le ciel.

On rencontre quelquefois dans tous les États de l'Union, mais principalement dans les contrées à moitié peuplées de l'ouest, des prédicateurs ambulants qui colportent de place en place la parole divine.

Des familles entières, vieillards, femmes et enfants, traversent des lieux difficiles et percent des bois déserts, pour venir de très-loin les entendre ; et, quand elles les ont rencontrés, elles oublient plusieurs jours et plusieurs nuits, en les écoutant, le soin des affaires et jusqu'aux plus pressants besoins du corps.

On trouve çà et là, au sein de la société américaine, des âmes toutes remplies d'un spiritualisme exalté et presque farouche, qu'on ne rencontre guère en Europe. Il s'y élève de temps à autres des sectes bizarres qui s'efforcent de s'ouvrir des chemins extraordinaires vers le bonheur éternel. Les folies religieuses y sont fort communes.

Il ne faut pas que ceci nous surprenne.

Ce n'est pas l'homme qui s'est donné à lui-même le goût de l'infini et l'amour de ce qui est immortel. Ces instincts sublimes ne naissent point d'un caprice de sa volonté : ils ont leur fondement immobile dans sa nature ; ils existent en dépit de ses efforts. Il peut les gêner et les déformer, mais non les détruire.

L'âme a des besoins qu'il faut satisfaire ; et, quelque soin que l'on prenne de la distraire d'elle-même, elle s'ennuie bientôt, s'inquiète et s'agite au milieu des jouissances des sens.

Si l'esprit de la grande majorité du genre humain se concentrait jamais dans la seule recherche des biens matériels, on peut s'attendre qu'il se ferait une réaction prodigieuse dans l'âme de quelques hommes. Ceux-là se jetteraient éperduement dans le monde des esprits, de peur de rester embarrassés dans les entraves trop étroites que veut leur imposer le corps.

Il ne faudrait donc pas s'étonner si, au sein d'une société qui ne songerait qu'à la terre, on rencontrait un petit nombre d'individus qui voulussent ne regarder que le ciel. Je serais surpris si, chez un peuple uniquement préoccupé de son bien-être, le mysticisme ne faisait pas bientôt des progrès.

On dit que ce sont les persécutions des empereurs et les supplices du cirque qui ont peuplé les déserts de la Thébaïde ; et moi je pense que ce sont bien plutôt les délices de Rome et la philosophie épicurienne de la Grèce.

Si l'état social, les circonstances et les lois ne retenaient pas si étroitement l'esprit américain dans la recherche du bien-être, il est à croire que, lorsqu'il viendrait à s'occuper des choses immatérielles, il montrerait plus de réserve et plus d'expérience, et qu'il se modérerait sans peine. Mais il se sent emprisonné dans des limites dont on semble ne pas vouloir le laisser sortir. Dès qu'il dépasse ces limites il ne sait où se fixer lui-même, et il court souvent, sans s'arrêter, par delà les bornes du sens commun.

CHAPITRE XIII.

Pourquoi les Américains se montrent si inquiets au milieu de leur bien-être.

On rencontre encore quelquefois dans certains cantons retirés de l'ancien monde, de petites populations qui ont été comme oubliées au milieu du tumulte universel et qui sont restées immobiles quand tout remuait autour d'elles. La plupart de ces peuples sont fort ignorants et fort misérables; ils ne se mêlent point aux affaires du gouvernement, et souvent les gouvernements les oppriment. Cependant, ils montrent d'ordinaire un visage serein, et ils font souvent paraître une humeur enjouée.

J'ai vu en Amérique les hommes les plus libres et les plus éclairés, placés dans la condition la plus heureuse qui soit au monde; il m'a semblé qu'une sorte de nuage couvrait habituellement leurs traits; ils m'ont paru graves et presque tristes jusque dans leurs plaisirs.

La principale raison de ceci est que les premiers ne pensent point aux maux qu'ils endurent, tandis que les autres songent sans cesse aux biens qu'ils n'ont pas.

C'est une chose étrange de voir avec quelle sorte d'ardeur fébrile les Américains poursuivent le bien-être, et comme ils se montrent tourmentés sans cesse par une crainte vague de n'avoir pas choisi la route la plus courte qui peut y conduire.

L'habitant des États-Unis s'attache aux biens de ce monde, comme s'il était assuré de ne point mourir, et il met tant de précipitation à saisir ceux qui passent à sa portée, qu'on dirait qu'il craint à chaque instant de cesser de vivre avant d'en avoir joui. Il les saisit tous, mais sans les étreindre, et il les laisse bientôt échapper de ses mains pour courir après des jouissances nouvelles.

Un homme aux États-Unis bâtit avec soin une demeure pour y passer ses vieux jours, et il la vend pendant qu'on en pose le faîte; il plante un jardin, et il le loue comme il allait en goûter les fruits; il défriche un champ, et il laisse à d'autres le soin d'en récolter les moissons. Il embrasse une profession, et la quitte. Il se fixe dans un lieu dont il part peu après pour aller porter ailleurs ses changeants désirs. Ses affaires privées lui donnent-elles quelque relâche, il se plonge aussitôt dans le tourbillon de la politique. Et quand, vers le terme d'une année remplie de travaux, il lui reste encore quelques loisirs, il promène çà et là dans les vastes limites des États-Unis sa curiosité inquiète. Il fera ainsi cinq cents lieues en quelques jours, pour se mieux distraire de son bonheur.

La mort survient enfin et elle l'arrête avant qu'il se soit lassé de cette poursuite inutile d'une félicité complète qui fuit toujours.

On s'étonne d'abord en contemplant cette agitation singulière que font paraître tant d'hommes heureux, au sein même de leur abondance. Ce spectacle est pourtant aussi vieux que le monde ; ce qui est nouveau, c'est de voir tout un peuple qui le donne.

Le goût des jouissances matérielles doit être considéré comme la source première de cette inquiétude secrète qui se révèle dans les actions des Américains, et de cette inconstance dont ils donnent journellement l'exemple.

Celui qui a renfermé son cœur dans la seule recherche des biens de ce monde est toujours pressé, car il n'a qu'un temps limité pour les trouver, s'en emparer et en jouir. Le souvenir de la brièveté de la vie l'aiguillonne sans cesse. Indépendamment des biens qu'il possède, il en imagine à chaque instant mille autres que la mort l'empêchera de goûter, s'il ne se hâte. Cette pensée le remplit de troubles, de craintes et de regrets, et maintient son âme dans une sorte de trépidation incessante qui le porte à changer à tout moment de desseins et de lieu.

Si au goût du bien-être matériel vient se joindre un état social dans lequel la loi ni la coutume ne retiennent plus personne à sa place, ceci est une grande excitation de plus pour cette inquiétude d'esprit : on verra alors les hommes changer continuellement de route, de peur de manquer le plus court chemin, qui doit les conduire au bonheur.

Il est d'ailleurs facile de concevoir, que si les hommes qui recherchent avec passion les jouissances matérielles désirent vivement, ils doivent se rebuter aisément; l'objet final étant de jouir, il faut que le moyen d'y arriver soit prompt et facile, sans quoi la peine d'acquérir la jouissance surpasserait la jouissance. La plupart des âmes y sont donc à la fois ardentes et molles, violentes et énervées. Souvent, la mort y est moins redoutée que la continuité des efforts vers le même but.

L'égalité conduit par un chemin plus direct

encore, à plusieurs des effets que je viens de décrire.

Quand toutes les prérogatives de naissance et de fortune sont détruites, que toutes les professions sont ouvertes à tous, et qu'on peut parvenir de soi-même au sommet de chacune d'elles, une carrière immense et aisée semble s'ouvrir devant l'ambition des hommes, et ils se figurent volontiers qu'ils sont appelés à de grandes destinées. Mais c'est là une vue erronée que l'expérience corrige tous les jours. Cette même égalité qui permet à chaque citoyen de concevoir de vastes espérances, rend tous les citoyens individuellement faibles. Elle limite de tous côtés leurs forces, en même temps qu'elle permet à leurs désirs de s'étendre.

Non-seulement ils sont impuissants par eux-mêmes, mais ils trouvent à chaque pas d'immenses obstacles qu'ils n'avaient point aperçus d'abord.

Ils ont détruit les priviléges gênants de quelques uns de leurs semblables; ils rencontrent la concurrence de tous. La borne a changé de forme plutôt que de place. Lorsque les hommes sont à peu près semblables et suivent une même route, il est bien difficile qu'aucun d'entre eux marche vite et perce à travers la foule uniforme qui l'environne et le presse.

Cette opposition constante qui règne entre les

instincts que fait naître l'égalité, et les moyens qu'elle fournit pour les satisfaire, tourmente et fatigue les âmes.

On peut concevoir des hommes arrivés à un certain degré de liberté qui les satisfasse entièrement. Ils jouissent alors de leur indépendance sans inquiétude et sans ardeur. Mais les hommes ne fonderont jamais une égalité qui leur suffise.

Un peuple a beau faire des efforts, il ne parviendra pas à rendre les conditions parfaitement égales dans son sein; et s'il avait le malheur d'arriver à ce nivellement absolu et complet, il resterait encore l'inégalité des intelligences, qui, venant directement de Dieu, échappera toujours aux lois.

Quelque démocratique que soit l'état social et la constitution politique d'un peuple, on peut donc compter que chacun de ses citoyens apercevra toujours près de soi plusieurs points qui le dominent, et l'on peut prévoir qu'il tournera obstinément ses regards de ce seul côté. Quand l'inégalité est la loi commune d'une société, les plus fortes inégalités ne frappent point l'œil; quand tout est à peu près de niveau les moindres le blessent. C'est pour cela que le désir de l'égalité devient toujours plus insatiable à mesure que l'égalité est plus grande.

Chez les peuples démocratiques les hommes

obtiennent aisément une certaine égalité; ils ne sauraient atteindre celle qu'ils désirent. Celle-ci recule chaque jour devant eux, mais sans jamais se dérober à leurs regards, et, en se retirant, elle les attire à sa poursuite. Sans cesse ils croyent qu'ils vont la saisir, et elle échappe sans cesse à leurs étreintes. Ils la voient d'assez près pour connaître ses charmes, ils ne l'approchent pas assez pour en jouir, et ils meurent avant d'avoir savouré pleinement ses douceurs.

C'est à ces causes qu'il faut attribuer la mélancolie singulière que les habitants des contrées démocratiques font souvent voir au sein de leur abondance, et ces dégoûts de la vie qui viennent quelquefois les saisir au milieu d'une existence aisée et tranquille.

On se plaint en France que le nombre des suicides s'accroît; en Amérique le suicide est rare, mais on assure que la démence est plus commune que partout ailleurs.

Ce sont là des symptômes différents du même mal.

Les Américains ne se tuent point, quelque agités qu'ils soient, parce que la religion leur défend de le faire, et que chez eux le matérialisme n'existe pour ainsi dire pas, quoique la passion du bien-être matériel soit générale.

Leur volonté résiste, mais souvent leur raison fléchit.

Dans les temps démocratiques les jouissances sont plus vives que dans les siècles d'aristocratie, et surtout le nombre de ceux qui les goûtent est infiniment plus grand; mais, d'une autre part, il il faut reconnaître que les espérances et les désirs y sont plus souvent déçus, les âmes plus émues et plus inquiètes, et les soucis plus cuisants.

CHAPITRE XIV.

Comment le goût des jouissances matérielles s'unit chez les Américains à l'amour de la liberté et au soin des affaires publiques.

———•••———

Lorsqu'un état démocratique tourne à la monarchie absolue, l'activité qui se portait précédemment sur les affaires publiques et sur les affaires privées, venant, tout à coup, à se concentrer sur ces dernières, il en résulte, pendant quelque temps, une grande prospérité matérielle; mais bientôt le mouvement se ralentit et le développement de la production s'arrête.

Je ne sais si l'on peut citer un seul peuple manufacturier et commerçant, depuis les Tyriens jusqu'aux Florentins et aux Anglais, qui n'ait été un peuple libre. Il y a donc un lien étroit et un rapport nécessaire entre ces deux choses : liberté et industrie.

Cela est généralement vrai de toutes les nations, mais spécialement des nations démocratiques.

J'ai fait voir plus haut comment les hommes qui vivent dans les siècles d'égalité avaient un continuel besoin de l'association pour se procurer presque tous les biens qu'ils convoitent, et, d'une autre part, j'ai montré comment la grande liberté politique perfectionnait et vulgarisait dans leur sein l'art de s'associer. La liberté, dans ces siècles, est donc particulièrement utile à la production des richesses. On peut voir, au contraire, que le despotisme lui est particulièrement ennemi.

Le naturel du pouvoir absolu, dans les siècles démocratiques, n'est ni cruel ni sauvage, mais il est minutieux et tracassier. Un despotisme de cette espèce, bien qu'il ne foule point aux pieds l'humanité, est directement opposé au génie du commerce et aux instincts de l'industrie.

Ainsi, les hommes des temps démocratiques ont besoin d'être libres, afin de se procurer plus aisément les jouissances matérielles après lesquelles ils soupirent sans cesse.

Il arrive cependant, quelquefois, que le goût

excessif qu'ils conçoivent pour ces mêmes jouissances les livre au premier maître qui se présente. La passion du bien-être se retourne alors contre elle-même, et éloigne sans l'apercevoir l'objet de ses convoitises.

Il y a, en effet, un passage très-périlleux dans la vie des peuples démocratiques.

Lorsque le goût des jouissances matérielles se développe chez un de ces peuples plus rapidement que les lumières et que les habitudes de la liberté, il vient un moment où les hommes sont emportés, et comme hors d'eux-mêmes, à la vue de ces biens nouveaux qu'ils sont prêts à saisir. Préoccupés du seul soin de faire fortune, ils n'aperçoivent plus le lien étroit qui unit la fortune particulière de chacun d'eux à la prospérité de tous. Il n'est pas besoin d'arracher à de tels citoyens les droits qu'ils possèdent; ils les laissent volontiers échapper eux-mêmes. L'exercice de leurs devoirs politiques leur paraît un contre-temps fâcheux qui les distrait de leur industrie. S'agit-il de choisir leurs représentants, de prêter main forte à l'autorité, de traiter en commun la chose commune, le temps leur manque; ils ne sauraient dissiper ce temps si précieux en travaux inutiles. Ce sont là jeux d'oisifs qui ne conviennent point à des hommes graves et occupés des intérêts sérieux de la vie. Ces gens-là croient suivre la doctrine de l'intérêt, mais ils ne s'en font qu'une idée grossière, et, pour mieux veiller à ce qu'ils nomment leurs affaires, ils négligent la principale, qui est de rester maîtres d'eux-mêmes.

Les citoyens qui travaillent ne voulant pas songer à la chose publique, et la classe qui pourrait se charger de ce soin pour remplir ses loisirs n'existant plus, la place du gouvernement est comme vide.

Si, à ce moment critique, un ambitieux habile vient à s'emparer du pouvoir, il trouve que la voie à toutes les usurpations est ouverte.

Qu'il veille quelque temps à ce que tous les intérêts matériels prospèrent; on le tiendra aisément quitte du reste. Qu'il garantisse surtout le bon ordre. Les hommes qui ont la passion des jouissances matérielles découvrent d'ordinaire comment les agitations de la liberté troublent le bien-être, avant que d'apercevoir comment la liberté sert à se le procurer; et, au moindre bruit des passions publiques qui pénètrent au milieu des petites jouissances de leur vie privée, ils s'éveillent et s'inquiètent; pendant longtemps la peur de l'anarchie les tient sans cesse en suspens et toujours prêts à se jeter hors de la liberté au premier désordre.

Je conviendrai sans peine que la paix publique est un grand bien; mais je ne veux pas oublier cependant que c'est à travers le bon ordre que tous les peuples sont arrivés à la tyrannie. Il ne s'ensuit pas assurément que les peuples doivent mépriser la paix publique; mais il ne faut pas qu'elle leur suffise. Une nation qui ne demande à son gouvernement que le maintien de l'ordre est déjà esclave au fond du cœur; elle est esclave de son bien-être, et l'homme qui doit l'enchaîner peut paraître.

Le despotisme des factions n'y est pas moins à redouter que celui d'un homme.

Lorsque la masse des citoyens ne veut s'occuper que d'affaires privées, les plus petits partis ne doivent pas désespérer de devenir maîtres des affaires publiques.

Il n'est pas rare de voir alors sur la vaste scène du monde, ainsi que sur nos théâtres, une multitude représentée par quelques hommes. Ceux-ci parlent seuls au nom d'une foule absente ou inattentive; seuls ils agissent au milieu de l'immobilité universelle; ils disposent, suivant leur caprice, de toutes choses, ils changent les lois, et tyrannisent à leur gré les mœurs; et l'on s'étonne en voyant le petit nombre de faibles et d'indignes mains dans lesquelles peut tomber un grand peuple.

Jusqu'à présent, les Américains ont évité avec bonheur tous les écueils que je viens d'indiquer;

et en cela ils méritent véritablement qu'on les admire.

Il n'y a peut-être pas de pays sur la terre où l'on rencontre moins d'oisifs qu'en Amérique, et où tous ceux qui travaillent soient plus enflammés à la recherche du bien-être. Mais si la passion des Américains pour les jouissances matérielles est violente, du moins elle n'est point aveugle, et la raison, impuissante à la modérer, la dirige.

Un Américain s'occupe de ses intérêts privés comme s'il était seul dans le monde, et, le moment d'après, il se livre à la chose publique comme s'il les avait oubliés. Il paraît tantôt animé de la cupidité la plus égoïste, et tantôt du patriotisme le plus vif. Le cœur humain ne saurait se diviser de cette manière. Les habitants des États-Unis témoignent alternativement une passion si forte et si semblable pour leur bien-être et leur liberté, qu'il est à croire que ces passions s'unissent et se confondent dans quelque endroit de leur âme. Les Américains voient, en effet, dans leur liberté le meilleur instrument et la plus grande garantie de leur bien-être. Ils aiment ces deux choses l'une par l'autre. Ils ne pensent donc point que se mêler du public ne soit pas leur affaire; ils croient, au contraire, que leur principale affaire est de s'assurer par eux-mêmes un gouvernement qui leur permette d'acquérir les biens qu'ils désirent, et qui ne leur défende pas de goûter en paix ceux qu'ils ont acquis.

CHAPITRE XV.

Comment les croyances religieuses détournent de temps en temps l'âme des Américains vers les jouissances immatérielles.

Aux États-Unis, quand arrive le septième jour de chaque semaine, la vie commerciale et industrielle de la nation semble suspendue, tous les bruits cessent. Un profond repos, ou plutôt une sorte de recueillement solennel lui succède, l'âme rentre enfin en possession d'elle-même, et se contemple.

Durant ce jour, les lieux consacrés au commerce sont déserts; chaque citoyen, entouré de ses enfants, se rend dans un temple; là, on lui tient d'étranges discours qui semblent peu faits pour son oreille. On l'entretient des maux innombrables causés par l'orgueil et la convoitise. On lui parle de la nécessité de régler ses désirs, des jouissances délicates attachées à la seule vertu, et du vrai bonheur qui l'accompagne.

Rentré dans sa demeure, on ne le voit point courir aux registres de son négoce. Il ouvre le livre des saintes Écritures; il y trouve des peintures sublimes ou touchantes, de la grandeur et de la bonté du Créateur, de la magnificence infinie des œuvres de Dieu, de la haute destinée réservée aux hommes, de leurs devoirs et de leurs droits à l'immortalité.

C'est ainsi que, de temps en temps, l'Américain se dérobe en quelque sorte à lui-même, et que, s'arrachant pour un moment aux petites passions qui agitent sa vie et aux intérêts passagers qui la remplissent, il pénètre tout à coup dans un monde idéal où tout est grand, pur, éternel.

J'ai recherché dans un autre endroit de cet ouvrage, les causes auxquelles il fallait attribuer le maintien des institutions politiques des Américains, et la religion m'a paru l'une des principales. Aujourd'hui que je m'occupe des individus, je la retrouve et j'aperçois qu'elle n'est pas moins utile à chaque citoyen qu'à tout l'État.

Les Américains montrent, par leur pratique, qu'ils sentent toute la nécessité de moraliser la démocratie par la religion. Ce qu'ils pensent à cet égard sur eux-mêmes est une vérité dont toute nation démocratique doit être pénétrée.

Je ne doute point que la constitution sociale et politique d'un peuple ne le dispose à certaines croyances, et à certains goûts dans lesquels il abonde ensuite sans peine; tandis que ces mêmes causes l'écartent de certaines opinions et de certains penchants, sans qu'il y travaille de lui-même, et pour ainsi dire sans qu'il s'en doute.

Tout l'art du législateur consiste à bien discerner d'avance ces pentes naturelles des sociétés humaines, afin de savoir où il faut aider l'effort des citoyens, et où il serait plutôt nécessaire de le ralentir. Car ses obligations diffèrent suivant les temps. Il n'y a d'immobile que le but vers lequel doit toujours tendre le genre humain; les moyens de l'y faire arriver varient sans cesse.

Si j'étais né dans un siècle aristocratique, au milieu d'une nation où la richesse héréditaire des uns et la pauvreté irrémédiable des autres, détournassent également les hommes de l'idée du mieux, et tinssent les âmes comme engourdies dans la contemplation d'un autre monde; je voudrais qu'il me fût possible de stimuler chez un pareil peuple le sentiment des besoins, je songerais à découvrir des moyens plus rapides et plus aisés de satisfaire les nouveaux désirs que j'aurais fait naître, et, détournant vers les études physiques les plus grands efforts de l'esprit humain, je tâcherais de l'exciter à la recherche du bien-être.

S'il arrivait que quelques hommes s'enflammassent inconsidérément à la poursuite de la richesse et fissent voir un amour excessif pour les jouissances matérielles, je ne m'en alarmerais point; ces traits particuliers disparaîtraient bientôt dans la physionomie commune.

Les législateurs des démocraties ont d'autres soins.

Donnez aux peuples démocratiques des lumières et de la liberté, et laissez-les faire. Ils arriveront sans peine, à retirer de ce monde tous les biens qu'il peut offrir; ils perfectionneront chacun des arts utiles, et rendront tous les jours la vie plus commode, plus aisée, plus douce; leur état social les pousse naturellement de ce côté. Je ne redoute pas qu'ils s'arrêtent.

Mais tandis que l'homme se complaît dans cette recherche honnête et légitime du bien-être, il est à craindre qu'il ne perde enfin l'usage de ses plus sublimes facultés, et, qu'en voulant tout améliorer autour de lui, il ne se dégrade enfin lui-même. C'est là qu'est le péril et non point ailleurs.

Il faut donc que les législateurs des démocraties et tous les hommes honnêtes et éclairés qui y vivent, s'appliquent sans relâche à y soulever les âmes et à les tenir dressées vers le ciel. Il est nécessaire que tous ceux qui s'intéressent à l'avenir des sociétés démocratiques, s'unissent, et que tous de concert fassent de continuels efforts pour répandre dans le sein de ces sociétés le goût de l'infini, le sentiment du grand et l'amour des plaisirs immatériels.

Que, s'il se rencontre parmi les opinions d'un peuple démocratique, quelques unes de ces théories malfaisantes qui tendent à faire croire que tout périt avec le corps; considérez les hommes qui les professent comme les ennemis naturels de ce peuple.

Il y a bien des choses qui me blessent dans les matérialistes. Leurs doctrines me paraissent pernicieuses, et leur orgueil me révolte. Si leur système pouvait être de quelque utilité à l'homme, il semble que ce serait en lui donnant une modeste idée de lui-même. Mais ils ne font point voir qu'il en soit ainsi; et, quand ils croient avoir suffisamment établi qu'ils ne sont que des brutes, ils se montrent aussi fiers que s'ils avaient démontré qu'ils étaient des Dieux.

Le matérialisme est chez toutes les nations une maladie dangereuse de l'esprit humain; mais il faut particulièrement le redouter chez un peuple démocratique, parce qu'il se combine merveilleusement avec le vice de cœur le plus familier à ces peuples.

La démocratie favorise le goût des jouissances matérielles. Ce goût, s'il devient excessif, dispose bientôt les hommes à croire que tout n'est que matière; et le matérialisme, à son tour, achève de les entraîner avec une ardeur insensée vers ces mêmes jouissances. Tel est le cercle fatal dans lequel les nations démocratiques sont poussées. Il est bon qu'elles voient le péril, et se retiennent.

La plupart des religions ne sont que des moyens généraux, simples et pratiques, d'enseigner aux hommes l'immortalité de l'âme. C'est là le plus grand avantage qu'un peuple démocratique retire des croyances, et ce qui les rend plus nécessaires à un tel peuple qu'à tous les autres.

Lors donc qu'une religion quelconque a jeté de profondes racines au sein d'une démocratie, gardez-vous de l'ébranler; mais conservez-la plutôt avec soin comme le plus précieux héritage des siècles aristocratiques; ne cherchez pas à arracher aux hommes leurs anciennes opinions religieuses, pour en substituer de nouvelles, de peur que, dans le passage d'une foi à une autre, l'âme se trouvant un moment vide de croyances, l'amour des jouissances matérielles ne vienne à s'y étendre, et à la remplir tout entière.

Assurément, la métempsycose n'est pas plus raisonnable que le matérialisme; cependant, s'il fallait absolument qu'une démocratie fît un choix entre les deux, je n'hésiterais pas, et je jugerais que ses citoyens risquent moins de s'abrutir en pensant que leur âme va passer dans le corps d'un porc, qu'en croyant qu'elle n'est rien.

La croyance à un principe immatériel et immortel, uni pour un temps à la matière, est si nécessaire à la grandeur de l'homme, qu'elle produit encore de beaux effets lorsqu'on n'y joint pas l'opinion des récompenses et des peines, et que l'on se borne à croire qu'après la mort le principe divin renfermé dans l'homme s'absorbe en Dieu ou va animer une autre créature.

Ceux-là même considèrent le corps comme la portion secondaire et inférieure de notre nature; et ils le méprisent alors même qu'ils subissent son influence; tandis qu'ils ont une estime naturelle et une admiration secrète pour la partie immatérielle de l'homme, encore qu'ils refusent quelquefois de se soumettre à son empire. C'en est assez pour donner un certain tour élevé à leurs idées et à leurs goûts, et pour les faire tendre sans intérêt, et comme d'eux-mêmes, vers les sentiments purs et les grandes pensées.

Il n'est pas certain que Socrate et son école eussent des opinions bien arrêtées sur ce qui devait arriver à l'homme dans l'autre vie ; mais la seule croyance sur laquelle ils étaient fixés, que l'âme n'a rien de commun avec le corps et qu'elle lui survit, a suffi pour donner à la philosophie platonicienne cette sorte d'élan sublime qui la distingue.

Quand on lit Platon, on aperçoit que dans les temps antérieurs à lui, et de son temps, il existait beaucoup d'écrivains qui préconisaient le matérialisme. Ces écrivains ne sont pas parvenus jusqu'à nous, ou n'y sont parvenus que fort incomplètement. Il en a été ainsi dans presque tous les siècles : la plupart des grandes réputations littéraires se sont jointes au spiritualisme. L'instinct et le goût du genre humain soutiennent cette doctrine ; ils la sauvent souvent en dépit des hommes eux-mêmes, et font surnager les noms de ceux qui s'y attachent. Il ne faut donc pas croire que dans aucun temps, et quel que soit l'état politique, la passion des jouissances matérielles et les opinions qui s'y rattachent pourront suffire à tout un peuple. Le cœur de l'homme est plus vaste qu'on ne le suppose ; il peut renfermer à la fois le goût des biens de la terre et l'amour de ceux du ciel ; quelquefois il semble se livrer éperduement à l'un des deux ; mais il n'est jamais longtemps sans songer à l'autre.

S'il est facile de voir que c'est particulièrement dans les temps de démocratie qu'il importe de faire régner les opinions spiritualistes ; il n'est pas aisé de dire comment ceux qui gouvernent les peuples démocratiques doivent faire pour qu'elles y règnent.

Je ne crois pas à la prospérité non plus qu'à la durée des philosophies officielles, et, quant aux religions d'État, j'ai toujours pensé que si parfois elles pouvaient servir momentanément les intérêts du pouvoir politique, elles devenaient toujours tôt ou tard fatales à l'Église.

Je ne suis pas non plus du nombre de ceux qui jugent que pour relever la religion aux yeux des peuples, et mettre en honneur le spiritualisme qu'elle professe, il est bon d'accorder indirectement à ses ministres une influence politique que leur refuse la loi.

Je me sens si pénétré des dangers presque inévitables que courent les croyances quand leurs interprètes se mêlent des affaires publiques, et je suis si convaincu qu'il faut à tout prix maintenir le christianisme dans le sein des démocraties nouvelles, que j'aimerais mieux enchaîner les prêtres dans le sanctuaire que de les en laisser sortir.

Quels moyens reste-t-il donc à l'autorité pour ramener les hommes vers les opinions spiritualistes ou pour les retenir dans la religion qui les suggère?

Ce que je vais dire va bien me nuire aux yeux des politiques. Je crois que le seul moyen efficace dont les gouvernements puissent se servir pour mettre en honneur le dogme de l'immortalité de l'âme, c'est d'agir chaque jour comme s'ils y croyaient eux-mêmes; et je pense que ce n'est qu'en se conformant scrupuleusement à la morale religieuse dans les grandes affaires, qu'ils peuvent se flatter d'apprendre aux citoyens à la connaître, à l'aimer et à la respecter dans les petites.

CHAPITRE XVI.

Comment l'amour excessif du bien-être peut nuire au bien-être.

———•••———

Il y a plus de liaison qu'on ne pense entre le perfectionnement de l'âme et l'amélioration des biens du corps ; l'homme peut laisser ces deux choses distinctes, et envisager alternativement chacune d'elles ; mais il ne saurait les séparer entièrement sans les perdre enfin de vue l'une et l'autre.

Les bêtes ont les mêmes sens que nous et à peu près les mêmes convoitises : il n'y a pas de passions matérielles qui ne nous soient communes avec elles, et dont le germe ne se trouve dans un chien aussi bien qu'en nous-mêmes.

D'où vient donc que les animaux ne savent pourvoir qu'à leurs premiers et à leurs plus grossiers besoins, tandis que nous varions à l'infini nos jouissances et les accroissons sans cesse?

Ce qui nous rend supérieurs en ceci aux bêtes, c'est que nous employons notre âme à trouver les biens matériels vers lesquels l'instinct seul les conduit. Chez l'homme, l'ange enseigne à la brute l'art de se satisfaire. C'est parce que l'homme est capable de s'élever au-dessus des biens du corps, et de mépriser jusqu'à la vie, ce dont les bêtes n'ont pas même l'idée, qu'il sait multiplier ces mêmes biens à un degré qu'elles ne sauraient non plus concevoir.

Tout ce qui élève, grandit, étend l'âme, la rend plus capable de réussir à celle même de ses entreprises où il ne s'agit point d'elle.

Tout ce qui l'énerve, au contraire, ou l'abaisse, l'affaiblit pour toutes choses, les principales comme les moindres, et menace de la rendre presque aussi impuissante pour les unes que pour autres. Ainsi, il faut que l'âme reste grande et forte, ne fût-ce que pour pouvoir, de temps à autre, mettre sa force et sa grandeur au service du corps.

Si les hommes parvenaient jamais à se contenter des biens matériels, il est à croire qu'ils perdraient peu à peu l'art de les produire, et qu'ils finiraient par en jouir sans discernement et sans progrès, comme les brutes.

CHAPITRE XVII.

Comment, dans les temps d'égalité et de doute, il importe de reculer l'objet des actions humaines.

———•———

Dans les siècles de foi, on place le but final de la vie après la vie.

Les hommes de ces temps-là s'accoutument donc naturellement, et, pour ainsi dire, sans le vouloir, à considérer pendant une longue suite d'années, un objet immobile vers lequel ils marchent sans cesse, et ils apprennent, par des progrès insensibles, à réprimer mille petits désirs passagers, pour mieux arriver à satisfaire ce grand et permanent désir qui les tourmente. Lorsque les mêmes hommes veulent s'occuper des choses de la terre, ces habitudes se retrouvent. Ils fixent volontiers à leurs actions d'ici bas un but général et certain, vers lequel tous leurs efforts se dirigent. On ne les voit point se livrer chaque jour à des tentatives nouvelles; mais ils ont des desseins arrêtés qu'ils ne se lassent point de poursuivre.

Ceci explique pourquoi les peuples religieux ont souvent accompli des choses si durables. Il se trouvait qu'en s'occupant de l'autre monde, ils avaient rencontré le grand secret de réussir dans celui-ci.

Les religions donnent l'habitude générale de se comporter en vue de l'avenir. En ceci elles ne sont pas moins utiles au bonheur de cette vie qu'à la félicité de l'autre. C'est un de leurs plus grands côtés politiques.

Mais à mesure que les lumières de la foi s'obscurcissent, la vue des hommes se resserre, et l'on dirait que chaque jour l'objet des actions humaines leur paraît plus proche.

Quand ils se sont une fois accoutumés à ne plus s'occuper de ce qui doit arriver après leur vie, on les voit retomber aisément dans cette indifférence complète et brutale de l'avenir qui n'est que trop conforme à certains instincts de l'espèce humaine. Aussitôt qu'ils ont perdu l'usage de placer leurs principales espérances à long terme, ils sont naturellement portés à vouloir réaliser sans retard leurs moindres désirs, et il semble que du moment où ils désespèrent de vivre une éternité ils sont disposés à agir comme s'ils ne devaient exister qu'un seul jour.

Dans les siècles d'incrédulité il est donc toujours à craindre que les hommes ne se livrent sans cesse au hasard journalier de leurs désirs, et que, renonçant entièrement à obtenir ce qui ne peut s'acquérir sans de longs efforts, ils ne fondent rien de grand, de paisible et de durable.

S'il arrive que, chez un peuple ainsi disposé, l'état social devienne démocratique, le danger que je signale s'en augmente.

Quand chacun cherche sans cesse à changer de place, qu'une immense concurrence est ouverte à tous, que les richesses s'accumulent et se dissipent en peu d'instants au milieu du tumulte de la démocratie, l'idée d'une fortune subite et facile, de grands biens aisément acquis et perdus, l'image du hasard, sous toutes ses formes, se présente à l'esprit humain. L'instabilité de l'état social vient favoriser l'instabilité naturelle des désirs. Au milieu de ces fluctuations perpétuelles du sort, le présent grandit ; il cache l'avenir qui s'efface, et les hommes ne veulent songer qu'au lendemain.

Dans ces pays où, par un concours malheureux, l'irréligion et la démocratie se rencontrent, les philosophes et les gouvernants doivent s'attacher sans cesse à reculer aux yeux des hommes l'objet des actions humaines; c'est leur grande affaire.

Il faut que se renfermant dans l'esprit de son siècle et de son pays, le moraliste apprenne à s'y défendre. Que chaque jour il s'efforce de montrer à ses contemporains, comment au milieu même du mouvement perpétuel qui les environne, il est plus facile qu'ils ne le supposent de concevoir et d'exécuter de longues entreprises. Qu'il leur fasse voir que, bien que l'humanité ait changé de face, les méthodes à l'aide desquelles les hommes peuvent se procurer la prospérité de ce monde sont restées les mêmes, et que, chez les peuples démocratiques, comme ailleurs, ce n'est qu'en résistant à mille petites passions particulières de tous les jours, qu'on peut arriver à satisfaire la passion générale du bonheur, qui tourmente.

La tâche des gouvernants n'est pas moins tracée.

Dans tous les temps il importe que ceux qui dirigent les nations se conduisent en vue de l'avenir. Mais cela est plus nécessaire encore dans les siècles démocratiques et incrédules que dans tous les autres. En agissant ainsi, les chefs des démocraties font non seulement prospérer les affaires publiques, mais ils apprennent encore, par leur exemple, aux particuliers l'art de conduire les affaires privées.

Il faut surtout qu'ils s'efforcent de bannir autant que possible le hasard du monde politique.

L'élévation subite et imméritée d'un courtisan, ne produit qu'une impression passagère dans un pays aristocratique, parce que l'ensemble des institutions et des croyances, forcent habituellement les hommes à marcher lentement dans des voies dont ils ne peuvent sortir.

Mais il n'y a rien de plus pernicieux que de pareils exemples, offerts aux regards d'un peuple démocratique. Ils achèvent de précipiter son cœur sur une pente où tout l'entraîne. C'est donc principalement dans les temps de scepticisme et d'égalité, qu'on doit éviter avec soin que la faveur du peuple, ou celle du prince, dont le hasard vous favorise ou vous prive, ne tienne lieu de la science et des services. Il est à souhaiter que chaque progrès y paraisse le fruit d'un effort, de telle sorte qu'il n'y ait pas de grandeurs trop faciles, et que l'ambition soit forcée de fixer longtemps ses regards sur le but avant de l'atteindre.

Il faut que les gouvernements s'appliquent à redonner aux hommes ce goût de l'avenir, qui n'est plus inspiré par la religion et l'état social, et que, sans le dire, ils enseignent chaque jour pratiquement aux citoyens que la richesse, la renommée, le pouvoir, sont les prix du travail ; que les grands succès se trouvent placés au bout des longs désirs, et qu'on n'obtient rien de durable que ce qui s'acquiert avec peine.

Quand les hommes se sont accoutumés à prévoir de très-loin ce qui doit leur arriver ici bas, et à s'y nourrir d'espérances, il leur devient malaisé d'arrêter toujours leur esprit aux bornes précises de la vie, et ils sont bien prêts d'en franchir les limites, pour jeter leurs regards au-delà.

Je ne doute donc point qu'en habituant les citoyens à songer à l'avenir dans ce monde, on les rapprochât peu à peu, et sans qu'ils le sussent eux-mêmes, des croyances religieuses.

Ainsi, le moyen qui permet aux hommes de se passer, jusqu'à un certain point, de religion, est peut-être, après tout, le seul qui nous reste pour ramener par un long détour le genre humain vers la foi.

CHAPITRE XVIII.

Pourquoi, chez les Américains, toutes les professions honnêtes sont réputées honorables.

Chez les peuples démocratiques, où il n'y a point de richesses héréditaires, chacun travaille pour vivre, ou a travaillé, ou est né de gens qui ont travaillé. L'idée du travail comme condition nécessaire, naturelle et honnête de l'humanité s'offre donc de tout côté à l'esprit humain.

Non-seulement le travail n'est point en déshonneur chez ces peuples, mais il est en honneur, le préjugé n'est pas contre lui, il est pour lui. Aux États-Unis, un homme riche croit devoir à l'opinion publique de consacrer ses loisirs à quelque opération d'industrie, de commerce, ou à quelques devoirs publics. Il s'estimerait mal famé s'il n'employait sa vie qu'à vivre. C'est pour se soustraire à cette obligation du travail que tant de riches Américains viennent en Europe : là ils trouvent des débris de sociétés aristocratiques parmi lesquelles l'oisiveté est encore honorée.

L'égalité ne réhabilite pas seulement l'idée du travail, elle relève l'idée du travail procurant un lucre.

Dans les aristocraties, ce n'est pas précisément le travail qu'on méprise, c'est le travail en vue d'un profit. Le travail est glorieux quand c'est l'ambition ou la seule vertu qui le fait entreprendre. Sous l'aristocratie cependant, il arrive sans cesse que celui qui travaille pour l'honneur n'est pas insensible à l'appât du gain. Mais ces deux désirs ne se rencontrent qu'au plus profond de son âme. Il a bien soin de dérober à tous les regards la place où ils s'unissent. Il se la cache volontiers à lui-même. Dans les pays aristocratiques, il n'y a guère de fonctionnaires publics qui ne prétendent servir sans intérêt l'État. Leur salaire est un détail auquel quelquefois ils pensent peu, et auquel ils affectent toujours de ne point penser.

Ainsi, l'idée du gain reste distincte de celle du travail. Elles ont beau être jointes au fait, la pensée les sépare.

Dans les sociétés démocratiques, ces deux idées sont au contraire toujours visiblement unies. Comme le désir du bien-être est universel, que les fortunes sont médiocres et passagères, que chacun a besoin d'accroître ses ressources ou d'en préparer de nouvelles à ses enfants, tous voient bien clairement que c'est le gain qui est sinon en tout, du moins en partie ce qui les porte au travail. Ceux mêmes qui agissent principalement en vue de la gloire s'apprivoisent forcément avec cette pensée qu'ils n'agissent pas uniquement par cette vue, et ils découvrent, quoi qu'ils en aient, que le désir de vivre se mêle chez eux au désir d'illustrer leur vie.

Du moment où, d'une part, le travail semble à tous les citoyens une nécessité honorable de la condition humaine, et où, de l'autre, le travail est toujours visiblement fait, en tout ou en partie, par la considération du salaire, l'immense espace qui séparait les différentes professions dans les sociétés aristocratiques disparaît. Si elles ne sont pas toutes pareilles, elles ont du moins un trait semblable.

Il n'y a pas de profession où l'on ne travaille pas pour de l'argent. Le salaire qui est commun à toutes, donne à toutes un air de famille.

Ceci sert à expliquer les opinions que les Américains entretiennent relativement aux diverses professions.

Les serviteurs américains ne se croient pas dégradés parce qu'ils travaillent; car autour d'eux tout le monde travaille. Ils ne se sentent pas abaissés par l'idée qu'ils reçoivent un salaire; car le président des États-Unis travaille aussi pour un salaire. On le paie pour commander, aussi bien qu'eux pour servir.

Aux États-Uuis, les professions sont plus ou moins pénibles, plus ou moins lucratives, mais elles ne sont jamais ni hautes ni basses. Toute profession honnête est honorable.

CHAPITRE XIX.

Ce qui fait pencher presque tous les Américains vers les professions industrielles.

Je ne sais si de tous les arts utiles l'agriculture n'est pas celui qui se perfectionne le moins vite chez les nations démocratiques. Souvent même on dirait qu'il est stationnaire, parce que plusieurs autres semblent courir.

Au contraire, presque tous les goûts et les habitudes qui naissent de l'égalité conduisent naturellement les hommes vers le commerce et l'industrie.

Je me figure un homme actif, éclairé, libre, aisé, plein de désirs. Il est trop pauvre pour pouvoir vivre dans l'oisiveté ; il est assez riche pour se sentir au-dessus de la crainte immédiate du besoin, et il songe à améliorer son sort. Cet homme a conçu le goût des jouissances matérielles ; mille autres s'abandonnent à ce goût sous ses yeux ; lui-même a commencé à s'y livrer, et il brûle d'accroître les moyens de le satisfaire davantage. Cependant la vie s'écoule, le temps presse. Que va-t-il faire ?

La culture de la terre promet à ses efforts des résultats presque certains, mais lents. On ne s'y enrichit que peu à peu et avec peine. L'agriculture ne convient qu'à des riches qui ont déjà un grand superflu, ou à des pauvres qui ne demandent qu'à vivre. Son choix est fait : il vend son champ, quitte sa demeure, et va se livrer à quelque profession hasardeuse, mais lucrative.

Or, les sociétés démocratiques abondent en gens de cette espèce ; et, à mesure que l'égalité des conditions devient plus grande, leur foule augmente.

La démocratie ne multiplie donc pas seulement le nombre des travailleurs ; elle porte les hommes à un travail plutôt qu'à un autre ; et, tandis qu'elle les dégoûte de l'agriculture, elle les dirige vers le commerce et l'industrie (1).

(1) On a remarqué plusieurs fois que les industriels et les commerçants étaient possédés du goût immodéré des jouissances matérielles, et on a

Cet esprit se fait voir chez les plus riches citoyens eux-mêmes.

Dans les pays démocratiques, un homme, quelque opulent qu'on le suppose, est presque toujours mécontent de sa fortune parce qu'il se trouve moins riche que son père, et qu'il craint que ses fils le soient moins que lui. La plupart des riches des démocraties rêvent donc sans cesse aux moyens d'acquérir des richesses, et ils tournent naturellement leurs yeux vers le commerce et l'industrie, qui leur paraissent les moyens les plus prompts et les plus puissants de se les procurer. Ils partagent sur ce point les instincts du pauvre sans avoir ses besoins, ou plutôt ils sont poussés par le plus impérieux de tous les besoins : celui de ne pas déchoir.

Dans les aristocraties, les riches sont en même

---

accusé de cela le commerce et l'industrie, je crois qu'ici on a pris l'effet pour la cause.

Ce n'est pas le commerce et l'industrie qui suggèrent le goût des jouissances matérielles aux hommes, mais plutôt ce goût qui porte les hommes vers les carrières industrielles et commerçantes, où ils espèrent se satisfaire plus complètement et plus vite.

Si le commerce et l'industrie font augmenter le désir du bien-être, cela vient de ce que toute passion se fortifie à mesure qu'on s'en occupe davantage, et s'accroît par tous les efforts qu'on tente pour l'assouvir.

Toutes les causes qui font prédominer dans le cœur humain l'amour des biens de ce monde développent le commerce et l'industrie. L'égalité est une de ces causes. Elle favorise le commerce, non point directement en donnant aux hommes le goût du négoce, mais indirectement en fortifiant et généralisant dans leurs âmes l'amour du bien-être.

temps les gouvernants. L'attention qu'ils donnent sans cesse à de grandes affaires publiques les détourne des petits soins que demandent le commerce et l'industrie. Si la volonté de quelqu'un d'entre eux se dirige néanmoins par hasard vers le négoce, la volonté du corps vient aussitôt lui barrer la route ; car on a beau se soulever contre l'empire du nombre, on n'échappe jamais complètement à son joug, et, au sein même des corps aristocratiques qui refusent le plus opiniâtrément de reconnaître les droits de la majorité nationale, il se forme une majorité particulière qui gouverne (1).

Dans les pays démocratiques, où l'argent ne conduit pas au pouvoir celui qui le possède, mais souvent l'en écarte, les riches ne savent que faire de leurs loisirs. L'inquiétude et la grandeur de leurs désirs, l'étendue de leurs ressources, le goût de l'extraordinaire, que ressentent presque toujours ceux qui s'élèvent, de quelque manière que ce soit, au-dessus de la foule, les pressent d'agir. La seule route du commerce leur est ouverte. Dans les démocraties, il n'y a rien de plus grand ni de plus brillant que le commerce ; c'est lui qui attire les regards du public et remplit l'imagination de la foule ; vers lui toutes les passions énergiques se dirigent. Rien ne saurait empêcher les riches de

---

(1) Voir la note à la fin du volume.

s'y livrer, ni leurs propres préjugés, ni ceux d'aucun autre. Les riches des démocraties ne forment jamais un corps qui ait ses mœurs et sa police; les idées particulières de leur classe ne les arrêtent pas, et les idées générales de leur pays les poussent. Les grandes fortunes qu'on voit au sein d'un peuple démocratique ayant, d'ailleurs, presque toujours une origine commerciale, il faut que plusieurs générations se succèdent avant que leurs possesseurs aient entièrement perdu les habitudes du négoce.

Resserrés dans l'étroit espace que la politique leur laisse, les riches des démocraties se jettent donc de toutes parts dans le commerce; là ils peuvent s'étendre et user de leurs avantages naturels; et c'est, en quelque sorte, à l'audace même et à la grandeur de leurs entreprises industrielles qu'on doit juger le peu de cas qu'ils auraient fait de l'industrie s'ils étaient nés au sein d'une aristocratie.

Une même remarque est de plus applicable à tous les hommes des démocraties, qu'ils soient pauvres ou riches.

Ceux qui vivent au milieu de l'instabilité démocratique ont sans cesse sous les yeux l'image du hasard, et ils finissent par aimer toutes les entreprises où le hasard joue un rôle.

Ils sont donc tous portés vers le commerce, non

seulement à cause du gain qu'il leur promet, mais par l'amour des émotions qu'il leur donne.

Les États-Unis d'Amérique ne sont sortis que depuis un demi-siècle de la dépendance coloniale dans laquelle les tenait l'Angleterre; le nombre des grandes fortunes y est fort petit, et les capitaux encore rares. Il n'est pas cependant de peuple sur la terre qui ait fait des progrès aussi rapides que les Américains dans le commerce et l'industrie. Ils forment aujourd'hui la seconde nation maritime du monde; et bien que leurs manufactures aient à lutter contre des obstacles naturels presque insurmontables, elles ne laissent pas de prendre chaque jour de nouveaux développements.

Aux États-Unis, les plus grandes entreprises industrielles s'exécutent sans peine, parce que la population tout entière se mêle d'industrie, et que le plus pauvre aussi bien que le plus opulent citoyen unissent volontiers en ceci leurs efforts. On est donc étonné chaque jour de voir les travaux immenses qu'exécute sans peine une nation qui ne renferme pour ainsi dire point de riches. Les Américains ne sont arrivés que d'hier sur le sol qu'ils habitent, et ils y ont déjà bouleversé tout l'ordre de la nature à leur profit. Ils ont uni l'Hudson au Mississipi, et fait communiquer l'Océan atlantique avec le golfe du Mexique, à travers plus de cinq cents lieues de continent qui séparent ces deux mers. Les plus longs chemins de fer qui aient été faits jusqu'à nos jours sont en Amérique.

Mais ce qui me frappe le plus aux États-Unis, ce n'est pas la grandeur extraordinaire de quelques entreprises industrielles; c'est la multitude innombrable des petites entreprises.

Presque tous les agriculteurs des États-Unis ont joint quelque commerce à l'agriculture; la plupart ont fait de l'agriculture un commerce.

Il est rare qu'un cultivateur américain se fixe pour toujours sur le sol qu'il occupe. Dans les nouvelles provinces de l'ouest principalement, on défriche un champ pour le revendre, et non pour le récolter; on bâtit une ferme dans la prévision que, l'état du pays venant bientôt à changer par suite de l'accroissement de ses habitants, on pourra en obtenir un bon prix.

Tous les ans un essaim d'habitants du nord descend vers le midi, et vient s'établir dans les contrées où croissent le coton et la canne à sucre. Ces hommes cultivent la terre dans le but de lui faire produire en peu d'années de quoi les enrichir, et ils entrevoient déjà le moment où ils pourront retourner dans leur patrie jouir de l'aisance ainsi acquise. Les Américains transportent donc dans l'agriculture l'esprit du négoce, et leurs passions industrielles se montrent là comme ailleurs.

Les Américains font d'immenses progrès en industrie, parce qu'ils s'occupent tous à la fois d'industrie; et pour cette même cause ils sont sujets à des crises industrielles très-inattendues et très-formidables.

Comme ils font tous du commerce, le commerce est soumis chez eux à des influences tellement nombreuses et si compliquées, qu'il est impossible de prévoir à l'avance les embarras qui peuvent naître. Comme chacun d'eux se mêle plus ou moins d'industrie, au moindre choc que les affaires y éprouvent, toutes les fortunes particulières trébuchent en même temps, et l'État chancelle.

Je crois que le retour des crises industrielles est une maladie endémique chez les nations démocratiques de nos jours. On peut la rendre moins dangereuse, mais non la guérir, parce qu'elle ne tient pas à un accident, mais au tempérament même de ces peuples.

CHAPITRE XX.

Comment l'aristocratie pourrait sortir de l'industrie.

J'ai montré comment la démocratie favorisait les développements de l'industrie, et multipliait sans mesure le nombre des industriels; nous allons voir par quel chemin détourné l'industrie pourrait bien à son tour ramener les hommes vers l'aristocratie.

On a reconnu que quand un ouvrier ne s'occupait tous les jours que du même détail, on parvenait plus aisément, plus rapidement et avec plus d'économie à la production générale de l'œuvre.

On a également reconnu que plus une industrie

était entreprise en grand, avec de grands capitaux, un grand crédit, plus ses produits étaient à bon marché.

Ces vérités étaient entrevues depuis longtemps, mais on les a démontrées de nos jours. Déjà on les applique à plusieurs industries très-importantes, et successivement les moindres s'en emparent.

Je ne vois rien dans le monde politique, qui doive préoccuper davantage le législateur que ces deux nouveaux axiomes de la science industrielle.

Quand un artisan se livre sans cesse et uniquement à la fabrication d'un seul objet, il finit par s'acquitter de ce travail avec une dextérité singulière. Mais il perd, en même temps, la faculté générale d'appliquer son esprit à la direction du travail. Il devient chaque jour plus habile et moins industrieux, et l'on peut dire qu'en lui, l'homme se dégrade à mesure que l'ouvrier se perfectionne.

Que doit-on attendre d'un homme qui a employé vingt ans de sa vie à faire des têtes d'épingles? et à quoi peut désormais s'appliquer chez lui cette puissante intelligence humaine, qui a souvent remué le monde, sinon à rechercher le meilleur moyen de faire des têtes d'épingles!

Lorsqu'un ouvrier a consumé de cette manière une portion considérable de son existence, sa pensée s'est arrêtée pour jamais près de l'objet journalier de ses labeurs; son corps a contracté certaines habitudes fixes dont il ne lui est plus permis de se départir. En un mot, il n'appartient plus à lui-même, mais à la profession qu'il a choisie. C'est en vain que les lois et les mœurs ont pris soin de briser autour de cet homme toutes les barrières, et de lui ouvrir de tous côtés mille chemins différents vers la fortune; une théorie industrielle plus puissante que les mœurs et les lois, l'a attaché à un métier, et souvent à un lieu qu'il ne peut quitter. Elle lui a assigné dans la société une certaine place dont il ne peut sortir. Au milieu du mouvement universel, elle l'a rendu immobile.

A mesure que le principe de la division du travail reçoit une application plus complète, l'ouvrier devient plus faible, plus borné et plus dépendant. L'art fait des progrès, l'artisan rétrograde. D'un autre côté, à mesure qu'il se découvre plus manifestement que les produits d'une industrie sont d'autant plus parfaits et d'autant moins chers que la manufacture est plus vaste et le capital plus grand, des hommes très-riches et très-éclairés se présentent pour exploiter des industries qui, jusque-là, avaient été livrées à des artisans ignorants ou malaisés. La grandeur des efforts nécessaires et l'immensité des résultats à obtenir les attire.

Ainsi donc, dans le même temps que la science

industrielle abaisse sans cesse la classe des ouvriers elle élève celle des maîtres.

Tandis que l'ouvrier ramène de plus en plus son intelligence à l'étude d'un seul détail, le maître promène chaque jour ses regards sur un plus vaste ensemble, et son esprit s'étend en proportion que celui de l'autre se resserre. Bientôt il ne faudra plus au second que la force physique sans l'intelligence; le premier a besoin de la science, et presque du génie pour réussir. L'un ressemble de plus en plus à l'administrateur d'un vaste empire, et l'autre à une brute.

Le maître et l'ouvrier n'ont donc ici rien de semblable, et ils diffèrent chaque jour davantage. Ils ne se tiennent que comme les deux anneaux extrêmes d'une longue chaîne. Chacun occupe une place qui est faite pour lui, et dont il ne sort point. L'un est dans une dépendance continuelle, étroite et nécessaire de l'autre, et semble né pour obéir comme celui-ci pour commander.

Qu'est-ce ceci sinon de l'aristocratie?

Les conditions venant à s'égaliser de plus en plus dans le corps de la nation, le besoin des objets manufacturés s'y généralise et s'y accroît, et le bon marché qui met ces objets à la portée des fortunes médiocres, devient un plus grand élément de succès.

Il se trouve donc chaque jour que des hommes

plus opulents et plus éclairés, consacrent à l'industrie leurs richesses et leurs sciences, et cherchent en ouvrant de grands ateliers, et en divisant strictement le travail, à satisfaire les nouveaux désirs qui se manifestent de toutes parts.

Ainsi, à mesure que la masse de la nation tourne à la démocratie, la classe particulière qui s'occupe d'industrie devient plus aristocratique. Les hommes se montrent de plus en plus semblables dans l'une, et de plus en plus différents dans l'autre, et l'inégalité augmente dans la petite société, en proportion qu'elle décroît dans la grande.

C'est ainsi que, lorsqu'on remonte à la source, il semble qu'on voie l'aristocratie sortir par un effort naturel du sein même de la démocratie.

Mais cette aristocratie-là ne ressemble point à celles qui l'ont précédée.

On remarquera d'abord, que ne s'appliquant qu'à l'industrie et à quelques unes des professions industrielles seulement, elle est une exception, un monstre dans l'ensemble de l'état social.

Les petites sociétés aristocratiques que forment certaines industries au milieu de l'immense démocratie de nos jours, renferment comme les grandes sociétés aristocratiques des anciens temps, quelques hommes très-opulents et une multitude très-misérable. Ces pauvres ont peu de moyens de sortir de leur condition et de devenir riches, mais les riches deviennent sans cesse des pauvres, ou quittent le négoce après avoir réalisé leurs profits. Ainsi, les éléments qui forment la classe des pauvres sont à peu près fixes; mais les éléments qui composent la classe des riches ne le sont pas. A vrai dire, quoiqu'il y ait des riches, la classe des riches n'existe point; car ces riches n'ont pas d'esprit ni d'objets communs, de traditions ni d'espérances communes. Il y a donc des membres, mais point de corps.

Non-seulement les riches ne sont pas unis solidement entre eux, mais on peut dire qu'il n'y a pas de lien véritable entre le pauvre et le riche.

Ils ne sont pas fixés à perpétuité l'un près de l'autre; à chaque instant l'intérêt les rapproche et les sépare. L'ouvrier dépend en général des maîtres, mais non de tel maître. Ces deux hommes se voient à la fabrique et ne se connaissent pas ailleurs, et tandis qu'ils se touchent par un point, ils restent fort éloignés par tous les autres. Le manufacturier ne demande à l'ouvrier que son travail, et l'ouvrier n'attend de lui que le salaire. L'un ne s'engage point à protéger, ni l'autre à défendre, et ils ne sont liés d'une manière permanente, ni par l'habitude, ni par le devoir. L'aristocratie que fonde le négoce ne se fixe presque jamais au milieu de la population industrielle qu'elle dirige; son but n'est point de gouverner celle-ci, mais de s'en servir.

Une aristocratie ainsi constituée ne saurait avoir une grande prise sur ceux qu'elle emploie; et parvînt-elle à les saisir un moment, bientôt ils lui échappent. Elle ne sait pas vouloir et ne peut agir.

L'aristocratie territoriale des siècles passés était obligée par la loi, ou se croyait obligée par les mœurs, de venir au secours de ses serviteurs et de soulager leurs misères. Mais l'aristocratie manufacturière de nos jours, après avoir appauvri et abruti les hommes dont elle se sert, les livre en temps de crise à la charité publique pour les nourrir. Ceci résulte naturellement de ce qui précède. Entre l'ouvrier et le maître, les rapports sont fréquents, mais il n'y a pas d'association véritable.

Je pense, qu'à tout prendre, l'aristocratie manufacturière que nous voyons s'élever sous nos yeux, est une des plus dures qui aient paru sur la terre; mais elle est en même temps une des plus restreintes et des moins dangereuses.

Toutefois, c'est de ce côté que les amis de la démocratie doivent sans cesse tourner avec inquiétude leurs regards; car, si jamais l'inégalité permanente des conditions et l'aristocratie pénétrent de nouveau dans le monde, on peut prédire qu'elles y entreront par cette porte.

FIN DU TOME TROISIÈME.

NOTE, PAGE 316.

Il y a cependant des aristocraties qui ont fait avec ardeur le commerce, et cultivé avec succès l'industrie. L'histoire du monde en offre plusieurs éclatants exemples. Mais, en général, on doit dire que l'aristocratie n'est point favorable au développement de l'industrie et du commerce. Il n'y a que les aristocraties d'argent qui fassent exception à cette règle.

Chez celles-là, il n'y a guère de désir qui n'ait besoin des richesses pour se satisfaire. L'amour des richesses devient, pour ainsi dire, le grand chemin des passions humaines. Tous les autres y aboutissent ou le traversent.

Le goût de l'argent et la soif de la considération et du pouvoir se confondent alors si bien, dans les mêmes âmes, qu'il devient difficile de discerner si c'est par ambition que les hommes sont cupides, ou si c'est par cupidité qu'ils sont ambitieux. C'est ce qui arrive en Angleterre où l'on veut être riche pour parvenir aux honneurs, et où l'on désire les honneurs comme manifestation de la richesse. L'esprit humain est alors saisi par tous les bouts et entraîné vers le commerce et l'industrie qui sont les routes les plus courtes qui mènent à l'opulence.

Ceci, du reste, me semble un fait exceptionel et transitoire. Quand la richesse est devenue le seul signe de l'aristocratie, il est bien difficile que les riches se maintiennent seuls au pouvoir et en excluent tous les autres.

L'aristocratie de naissance et la pure démocratie sont aux deux extrémités de l'état social et politique des nations; au milieu se trouve l'aristocratie d'argent; celle-ci se rapproche de l'aristocratie de naissance en ce qu'elle confère à un petit nombre de citoyens de grands priviléges; elle tient à la démocratie en ce que les priviléges peuvent être successivement acquis par tous; elle forme souvent comme une transition naturelle entre ces deux choses, et l'on ne saurait dire si elle termine le règne des institutions aristocratiques, ou si déjà elle ouvre la nouvelle ère de la démocratie.

TABLE.

PREMIÈRE PARTIE.

Influence de la Démocratie sur le Mouvement intellectuel aux États-Unis.

Chapitre I. — De la méthode philosophique des Américains.   1

Chapitre II. — De la source principale des croyances chez les peuples démocratiques.   10

Chapitre III. — Pourquoi les Américains montrent plus d'aptitude et de goût pour les idées générales que leurs pères les Anglais.   21

Chapitre IV. — Pourquoi les Américains n'ont jamais été aussi passionnés que les Français pour les idées générales en matière politique.   31

Chapitre V. — Comment, aux États-Unis, la religion sait se servir des instincts démocratiques.   35

Chapitre VI. — Des progrès du catholicisme aux États-Unis.   53

Chapitre VII. — Ce qui fait pencher l'esprit des peuples démocratiques vers le panthéisme.   57

Chapitre VIII. — Comment l'égalité suggère aux Américains l'idée de la perfectibilité indéfinie de l'homme.   61

Chapitre IX. — Comment l'exemple des Américains ne prouve

point qu'un peuple démocratique ne saurait avoir de l'aptitude et du goût pour les sciences, la littérature et les arts. 67

Chapitre X. — Pourquoi les Américains s'attachent plutôt à la pratique des sciences qu'à la théorie. 79

Chapitre XI. — Dans quel esprit les Américains cultivent les arts. 93

Chapitre XII. — Pourquoi les Américains élèvent en même temps de si petits et de si grands monuments. 103

Chapitre XIII. — Physionomie littéraire des siècles démocratiques. 107

Chapitre XIV. — De l'industrie littéraire. 119

Chapitre XV. — Pourquoi l'étude de la littérature grecque et latine est particulièrement utile dans les sociétés démocratiques. 121

Chapitre XVI. — Comment la démocratie américaine a modifié la langue anglaise. 125

Chapitre XVII. — De quelques sources de poésie chez les nations démocratiques. 139

Chapitre XVIII. — Pourquoi les écrivains et les orateurs américains sont souvent boursouflés. 153

Chapitre XIX. — Quelques observations sur le théâtre des peuples démocratiques. 157

Chapitre XX. — De quelques tendances particulières aux historiens dans les siècles démocratiques. 167

Chapitre XXI. — De l'éloquence parlementaire aux États-Unis. 175

DEUXIÈME PARTIE.

Influence de la Démocratie sur les sentiments des Américains.

Chapitre I. — Pourquoi les peuples démocratiques montrent un amour plus ardent et plus durable pour l'égalité que pour la liberté. 185

Chapitre II. — De l'individualisme dans les pays démocratiques. 195

Chapitre III. — Comment l'individualisme est plus grand au sortir d'une révolution démocratique qu'à une autre époque. 201

Chapitre IV. — Comment les Américains combattent l'individualisme par des institutions libres. 205

CHAPITRE V. — De l'usage que les Américains font de l'association dans la vie civile. 213

CHAPITRE VI. — Du rapport des associations et des journaux. 223

CHAPITRE VII. — Rapport des associations civiles et des associations politiques. 231

CHAPITRE VIII. — Comment les Américains combattent l'individualisme par la doctrine de l'intérêt bien entendu. 243

CHAPITRE IX. — Comment les Américains appliquent la doctrine de l'intérêt bien entendu en matière de religion. 251

CHAPITRE X. — Du goût du bien-être matériel en Amérique. 257

CHAPITRE XI. — Des effets particuliers que produit l'amour des jouissances matérielles dans les siècles démocratiques. 263

CHAPITRE XII. — Pourquoi certains Américains font voir un spiritualisme si exalté. 269

CHAPITRE XIII. — Pourquoi les Américains se montrent si inquiets au milieu de leur bien-être. 273

CHAPITRE XIV. — Comment le goût des jouissances matérielles s'unit chez les Américains à l'amour de la liberté et au soin des affaires publiques. 281

CHAPITRE XV. — Comment les croyances religieuses détournent de temps en temps l'âme des Américains vers les jouissances immatérielles. 289

CHAPITRE XVI. — Comment l'amour excessif du bien-être peut nuire au bien-être. 299

CHAPITRE XVII. — Comment, dans les temps d'égalité et de doute, il importe de reculer l'objet des actions humaines. 303

CHAPITRE XVIII. — Pourquoi, chez les Américains, toutes les professions honnêtes sont réputées honorables. 309

CHAPITRE XIX. — Ce qui fait pencher presque tous les Américains vers les professions industrielles. 313

CHAPITRE XX. — Comment l'aristocratie pourrait sortir de l'industrie. 321

FIN DE LA TABLE.

www.ingramcontent.com/pod-product-compliance
Lightning Source LLC
Chambersburg PA
CBHW060501170426
43199CB00011B/1286